西遼史

［俄］布萊資須納德◎著
梁園東◎譯

山西出版傳媒集團
山西人民出版社

圖書在版編目(CIP)數據

西遼史 / [俄] 布萊資須納德著；梁園東譯. —太原：山西人民出版社，2015.9(2024.2重印)
(近代海外漢學名著叢刊 / 鄭培凱主編)
ISBN 978-7-203-09049-6

Ⅰ. ①西… Ⅱ. ①布… ②梁… Ⅲ. ①中國歷史－研究－西遼 Ⅳ. ①K246.107

中國版本圖書館CIP數據核字(2015)第202205號

西遼史

叢刊主編 鄭培凱
著　　者 [俄] 布萊資須納德
譯　　者 梁園東
責任編輯 王新斐

出 版 者 山西出版傳媒集團·山西人民出版社
地　　址 太原市建設南路21號
郵　　編 030012
發行營銷 0351-4922220　4955996　4956039
0351-4922127(傳真)
天猫官網 https://sxrmcbs.tmall.com　0351-4922159(電話)
E-mail sxskcb@163.com　發行部
sxskcb@126.com　總編室
網　　址 www.sxskcb.com

經 銷 者 山西出版傳媒集團·山西人民出版社
承 印 廠 山西出版傳媒集團·山西新華印業有限公司

開　　本 700mm×970mm　1/16
印　　張 6.5
字　　數 48千字
版　　次 2015年9月　第一版
印　　次 2024年2月　第二次印刷
書　　號 ISBN 978-7-203-09049-6
定　　價 33.00圓

近代海外漢學名著叢刊編委會名單

總主編　鄭培凱

編委會　傅　杰　霍　巍　戴　燕（按姓氏筆畫排序）

總策劃　越衆文化傳播·周　威

總監製　南兆旭

統　籌　徐　勝　顔海琴

出版工作委員會

主　任　李廣潔

副主任　姚　軍　石凌虚

委　員　梁晉華　張文穎　秦繼華　馮靈芝
　　　　張　潔　崔人杰　王新斐　郭向南

設計總監　李尚斌

設計製作　王秀玲　吴圳龍　何萬峰　歐陽樂天

出版説明

近代海外漢學名著叢刊選取一九四九年以後未再刊行之近代海外漢學作品，編例如次：

一、本叢書遴選之作品在相關學術領域具有一定的代表性，在學術研究方嚮、方法上獨具特色。

二、爲避免重新排印時出錯，本叢書原本原貌影印出版。影印之底本皆經專家組審定，原書字體大小、排版格式均未做大的改變。

三、爲使叢書體例一致，本叢書前言、後記均采用繁體字排版。

四、個别頁碼較少的版本，爲方便裝幀和閲讀，進行了合訂。

五、少數作品有個别破損之處，編者以不改變版本内容爲前提，部分進行修補，難以修復之處保留缺損原狀。

六、原版書中個别錯訛之處，皆照原樣影印，未做修改。

由於叢書規模較大，不足之處，在所難免，殷切期待方家指正。

總序／温故而知新

晚清以來，西力東漸，西方文化思想的著作也大量譯成中文，最著名的如嚴復與林紓的譯著，影響了整個二十世紀中國的知識界與文學界，使得中國文化的思維脈絡爲之丕變。除了西方思想經典、文學與實證科學著作的翻譯，以實證方法系統化探討中國文史的域外漢學，也對中國學術思想界産生了莫大衝擊，改變了中國學術的著述方法與取嚮。

中國傳統的知識結構，是按經史子集四庫分類的，以儒家意識形態的經學爲文化知識的砥柱，以史學爲貫串歷史經驗的殷鑒，至於子部與集部，則是作爲保存文獻、擴大知識面的附帶知識，可以耽情冥想，可以悠遊玩賞，却都是邊緣化的知識，無關聖教的弘揚，無關文化精髓的宏旨。西方文藝復興之後的現代學術體系，在知識分類上，與中國傳統大相徑庭，講究系統分科，不同知識領域各有其客觀存在的價値，有其相對獨立的目的與標準。日本知識界在明治維新以來，鑒於東方文明落後於西方的船堅炮利，率先效法西方，在追求「文明開化」、「脱亞入歐」的過程中，爲日本學術發展循着現代西方的體例，建立了哲學、文學、歷史學、經濟學、法學、商學、物理學、化學、地質學、醫學、農學、工程學、植物學、動物學等等新型學科，企圖與西方學術齊頭並進，從而影響了中國近代學術體系的發展。

本叢刊選印二十世紀上半葉出版的漢學譯著近百冊，分爲三大類：「歷史文化與社會經濟」、「古典文獻與語言文字」、「中外交通與邊疆史」，反映民國時期學術界重視西方及日本漢學研究的成果，藉助他山之石，重新審視中國傳統歷史文化的意義，特別是開拓了傳統學術忽略的領域。五四新文化運動以來，中國學者如蔡元培、胡適都提倡「整理國故」，以理性實證的方法，對中國文化傳統做出系統化的研究，是與這些漢學譯著相輔相成的。這些譯著除了介紹域外漢學的成果，還引進了嶄新的學術研究方法與視角，有助於梳理中國文化傳統的脈絡，重新整合知識結構與學術體系。雖然這些學術著作不是中國學者的成就，無法納入二十世紀中國文史學術的主脈，但是從中文譯本的影響而言，起碼也應當視爲中國近代學術發展的支脈或潛流，不容忽視。可惜的是，到了二十世紀下半葉，因爲兩岸政治形勢的變化，這些漢學譯著，除了部分因王雲五重新入主臺灣商務印書館，而得以在臺灣做了少量的重印，在大陸的出版界，則完全受到遺忘，甚至在許多新成立的大學圖書館中也不見踪影。我們搜集了近百冊塵封的漢學譯著，呈現給二十一世紀的中國學術界，一方面是爲了銘記前人爲推展學術而做出的努力，另一方面也是爲了提醒新常態時期的學人，學術發展有其歷史累積的脈絡，可以從中汲取歷史經驗，温故而知新。

說到「温故知新」與這批早期漢學譯著的關係，可以從兩個方面來思考，以見翻譯域外漢學如何反映了時代精神，爲融匯東西方學術思維，重新闡釋中國文化傳承，做出不可磨滅的貢獻。一是域外漢學的研究對象，以中國歷史文化典籍爲主，屬於中西文化碰撞期間興起的「國學」範疇，與五四新文化人物提倡的「整理國故」運動若合符節。研究中國歷史文化，並賦予新的學術意義，是清末民初知識精英念兹在兹的心結。歷史發展走到一個環節，時代的狂風揚起了批判傳統的大旗，風中的英雄幫着推波助瀾，却又無時或忘自己民族文化主體的未來，糾纏於「傳統」能否「現代」的困境。域外漢學的出現，以西方實證方法研究中國歷史文化傳統，綜合東西方各種語言文字材料，擴大了研究國學的眼界，即使無法打開中國文化傳統是否走到盡頭的心結，至少是提供了一個解惑的方嚮，在大霧彌漫的夜晚，看到了依稀渺茫的星光。

二是翻譯域外漢學，有一種以子之矛攻子之盾的吊詭作用，逐漸化解了中國文化思維中的自大心理與封閉心態，讓唯我獨尊的國粹基本教義派解除武裝到牙齒的盔甲，轉而吸收並接受西方實證研究的學風。民國期間新式教育制度的推行、學術體系的變化、大學學術專業的創建，具體到北京大學國學門的成立，中央研究院規劃歷史、語言、考古的研究領域，都與翻譯域外漢學背後的旨意是息息相關的。因此，重新閱覽這批民國期間的漢學譯著，對二十一世紀的現代學人來説，温故而知新，不但可以窺知民國學人追求新知的心理狀態，也會刺激吾人反思，認真思考學術研究方法與中國學術發展的前景，更進一步，探索文化傳統的重新闡釋與新知介入的關係。知識體系的變化當然與傳統的重新闡釋有關，是外爍的影響大呢，還是内因變化的成分居多？

論語·爲政記載孔子説：「温故而知新，可以爲師矣。」歷代解經，對這個「爲師」的道理，有兩種相近似但又取嚮不同的解釋。朱熹四書集注説：「故者，舊所聞。新者，今所得。言學能時習舊聞而每有新得，則所學在我而其應不窮，故可以爲人師。若夫記問之學，則無得於心而所知有限，故學記譏其不足以爲人師，正與此意互相發也。」雖然朱熹把知識分爲「舊所聞」與「新所得」，强調的却是「學而時習之」，從中生發新的心得，也就是從詮釋舊典中得到新知。這個説法與朱熹在鵝湖之會以後，作詩唱和，寫給陸九淵的詩句，「舊學商量加邃密，新知涵養轉深沉」，异曲同工，是一個意思，萬變不離其宗，舊學與新知是同一個脈絡的知識學理。

然而，有些朱熹之前的經學家，解釋「温故知新」，却有不同的取嚮。皇侃論語義疏就説：「故，謂所學已得之事也。所學已得者則温尋之不使忘失，此是月無忘其所能也。新，謂即時所學新得者也。知新，謂日知其所亡也。若學能日知所亡，月無忘所能，此乃可爲人師也。」皇侃明確説到，「故」指的是過去所學的知識，而「新」則指的是新近學到的知識，新舊結合，相互發明，就可以「爲人師」了。邢昺論語注疏循着皇侃的思路，也説：「言舊所學得者，温尋使不忘，是温故也。素所未知，學使知之，是知新也。既温尋故者，又知新者，則可以爲人師也。」這裏講的「素所未知」，就不衹是研讀舊學，有了新的體會，從過去的傳統中發展出的「新知」，而是從來没聽過、没想過的新學問了。這種「素所未知」的新學問，結合「舊所聞」，對習以爲常的知識框架，就會産生巨大的衝擊，而出現飛躍性的結構變化。知識内容或許大體沿襲傳統，知識結構却得以重新整合，出現嶄新的認知系統，重新審視自己文化傳統的意義，打開文化傳承的新局面。二十世紀上半葉的漢學譯作，就發揮了這樣的作用，促使中國學者放棄自我中心的文化態度，從各種不同側面，探知中國歷史文化的光譜，以域外（或是全球）的角度觀測中國傳統，摇動了文化的萬花筒，看到七彩繽紛的中國。

嚴復在甲午戰争之後，改良變法思想風起雲涌之時，開始大量翻譯西方思想經典著作，是有感於國人（特别是傳統文化孕育的知識精英）思維系統封閉，企圖介紹實證新知，引進邏輯思維的方法，以破除儒學之道「一以貫之」與「放之四海而皆準」的虚妄。他翻譯天演論，在序文中提到，有人歸納東西方學術思想，認爲中國文化重精神，是形而上之學，立意高超，而西方文化重物質，是形而下之學，衹追求功利的回報。他認爲，這種自以爲是的蒙昧態度，陷入傳統舊學的框囿而不自知，没有自我反思的能力，無法吸收「素所未知」的新知識，也就無法開展並弘揚自己的文化傳統。嚴復非常清楚他翻譯西方經典的目的，是爲了介紹新知，打破中國傳統思維的封閉性，但是，作爲披荆斬棘的拓荒人，他深知思想封閉者的頑固心理，必須因勢利導，以免遭到盲目衛道之士的攻訐。嚴復有其防身的策略，不會像許褚戰馬超那樣赤膊上陣，而是以桐城文章譯述赫胥黎、斯賓塞、穆勒、亞當·斯密、孟德斯鳩，博得晚清知識精英的贊許，文章深閎而傳入了新知義理。從文化變遷的角度而言，通過翻譯，以迂迴戰術來介紹西方思想，得到巨大的成功，產生了改變傳統思維體系的實效，是中國近代思想史上影響深遠的大事。以此類推，民國時期大量翻譯域外漢學的影響，也是不容忽視的思想史課題。

關於清末民初西方學術思維衝擊中國知識精英，顛覆傳統文化的知識結構，錢穆在現代中國學術論衡的序言中，從中國文化本位的立場，發出深刻的感慨，做了籠統的批評：「文化异，斯學術亦异。中國重和合，西方重分別。民國以來，中國學術界分門別類，務爲專家，與中國傳統通人通儒之學大相違异。循至返讀古籍，格不相入。此其影響將來學術之發展實大，不可不加以討論。」錢穆所指出的問題，是傳統知識體系强調「通」，文史哲不分家，最崇尚通儒，而現代學術講究專業分科，各司其職，以至於讀不通古籍呈現的整體性知識思維。姚名達在撰寫中國目録學史的時候，對西力東漸，西潮帶來的翻譯著作及新知新學，也有類似的感慨：「四部分類法，不合時代也，不僅現代爲然。自道光、咸豐允許西人入國通商傳教以來，繼以派生留學外國，於是東西洋洋籍逐年增多。學問翻新，迥出舊學之外。目録學界之思想不免爲之震蕩。」這種對學術體系發生重大變化的觀察，反映了中國學人從晚清一直到民國，夾在東西方兩種不同思維體系的衝突中，身歷其境的切身感受，因此感觸良多。

二十世紀上半葉最能代表中國學術的通儒是王國維與陳寅恪，他們浸潤了經史子集的四部知識傳統，承繼乾嘉篤實的考據學風，却都經過西洋邏輯思維與實證科學的洗禮，參與中國知識結構的轉型。對西方現代知識結構如何在中國生根發芽，不但再三致意，并且以自己的學術實踐來努力促成。王國維早在一九〇二年就寫信給張之洞，反對把經學列爲大學分科之首，而主張效法西方與日本的大學，設立哲學科，明確指出知識結構的分類不可因循傳統，而必須另起爐竈。陳寅恪在一九二五年就清華大學建制的問題，寫了吾國學術之現狀及清華之職責，指出大學的職責在於學術之獨立，而中國學術界的情況令人十分不滿，必須認真效法西方學術的體制及實踐。他說：「蓋今世治學以世界爲範圍，重在知彼，絕非閉門造車者比。」這兩位國學大師，對西方與日本的漢學研究十分注意，都是以開放態度對待域外漢學研究，集思廣益，以成其大家。

再回到「温故知新」的歷代經解，說說文化傳承的闡釋學意義。劉寶楠在論語正義中指出，上古之時，文化知識是上層統治精英的家學，不再治理實際政事的長者可以傳遞德行的知識，可以爲人師。「温故而知新」，就顯示長者不忘舊時所學，且能吸收新知，繼承并發揚這種學術與政治合一的傳統。到了孔子之時，時代出現了變化，士大夫不見得能够謹守家法，弘揚德行，也不一定能够「爲師」了。孔子之後，世變日亟，「道術爲天下裂」，文化知識不再爲少數統治精英所壟斷，也不必然與治理政事有關，學術在民間百花齊放，百家争鳴。但是，學術知識發展的脈絡基本未變，仍然是要温故知新，進德修業。從劉寶楠不經意的闡釋中，可以看到時代變遷影響了學術文化的内容，改變了知識結構的體系，但其内在發展的理路仍舊，還是需要舊學與新知的融合，才能有所發展。

劉寶楠還引述了劉逢禄的解釋：「故，古也。六經皆述古昔、稱先王者也。知新，謂通其大義，以斟酌後世之製作，漢初經師皆是也。」劉寶楠贊成這個説法，并指出，漢唐人解釋「知新」，大多數都沿用此意。也就是説，舊學是傳統的知識結構體系，新知是時代變化出現的新知識，必須相互斟酌，才能發揮得宜。至於如何對舊學「通其大義」，就見仁見智，各有説法了。從這個通達的詮釋來討論近代西學東漸的情況，我們可以看到，「温故而知新」在民國學人的心底，是産生「傳統」與「現代」糾葛的心理陷阱，不易跨越。若依照朱熹的説法，「學能時習舊聞而每有新得，則所學在我而其應不窮」，雖然在哲理上可以模模糊糊説通，但在清末民初的具體歷史環節，西學的新知屬於完全不同的知識體系，在原有的舊學脈絡中，根本無從立足，如何「其應不窮」？所以，真要放之四海而皆準，提升「温故而知新」的普世意義，以理解域外漢學譯著與近代學術知識體系變遷的文化史意義，我們認爲，皇侃、邢昺，一直到劉寶楠的闡釋，是比較合適，並與現代文化闡釋學的説法相近。

伽達默爾（Hans-Georg Gadamer）在他的名著真理與方法中，説到認知理性與文化傳統的關係，特別指出，人們通過理性，來判斷歷史文化中事實的真相，但是人的理性與生存環境息息相關，與傳統所衍生的豐富文化底蘊有關，不可能完全超越文化傳統的思維脈絡。他認爲，人生活在文化傳統之中，就不可能「遺世獨立」，以全能超越的抽象思辨來認識傳統，甚至是批判或顛覆傳統。傳統是歷史文化延續與傳承的表徵，不會一成不變，而我們的認知理性也會因時代變遷，而不斷重新詮釋傳統。伽達默爾的闡釋學以西方文化傳統爲例，説明新知如何納入傳統，而使文化傳統生機不斷，生生不息，與中國歷代經學家的説法（朱熹除外），有异曲同工之效。以此觀照民國時期的漢學譯著，我們認爲，這批學術新知傳入中國，對中國文化傳統的繁衍與發展，實有承先啓後之功。

近代海外漢學名著叢刊的出版，最值得感謝的是南兆旭先生二十多年來搜羅的執着與努力。雖然這套叢刊不能窮盡民國時期的漢學譯著，但是，能滙集上百册自一九四九年以來在國内不曾重印的學術著作，再度公之於世，總是功不唐捐的大功德。忝爲本叢刊的主編，我面對這批民國學術材料，先是感到紛雜無章，有些原作者的學術素養也難副當前的學術標準，甚爲猶豫。後轉念一想，這是上個世紀中國最紛亂時期的學術記録，也是民生凋敝，國勢隤危，内亂外患交加之際，仍有許多學者孜孜矻矻，戮力翻譯域外漢學，爲中國學術的傳承拓展新知的坦途，不禁肅然起敬，開始用心整理分類。掛一漏萬，在所難免，好在有學殖豐贍的静友擔任分卷主編，並撰寫各分卷前言，實在是衷心銘感。有傅杰教授負責「歷史文化與社會經濟」、戴燕教授負責「古典文獻與語言文字」、霍巍教授負責「中外交通與邊疆史」，吾道不孤矣。在整理編輯過程中，周威先生費心最多，也是我要衷心感謝的。

道術之存亡，全在人心之嚮背。這批民國漢學譯著重新問世，對我們生長在承平之世的學人，應當有激勵的作用，爲學術研究多盡份力，讓中國學術發展更上一層樓。

鄭培凱

二〇一五年七月

前言

在中國近現代學術史上，一個重大的轉折時期出現在清末民初，中國文化和中國學術幾千年來所積澱的自負和驕傲，受到前所未有的衝擊和挑戰。這種壓力既來自外部，也來自於內部，既包含着一個古老民族對於西方列强從政治、軍事、經濟、文化等各個方面强勢壓迫的自然反抗，也有着當時學人從學術傳統、研究範式、價值取嚮、材料方法等深層次的理性思考。在這樣一個大背景之下，陳寅恪先生因主張「一時代之學術，必有其新材料與新問題」而著稱於世，傅斯年先生也因倡導「上窮碧落下黄泉，動手動脚找東西」而聲名顯赫。其實，傅斯年先生這句名言的出處是在他撰寫的歷史語言研究所工作之旨趣一文當中，在講這句話的前面，他還有很長的一段話比較了當時中西學術發展出現的差距，并且指出了學術發展的三項標準：

（一）凡能直接研究材料，便能進步。凡間接的研究前人所研究或前人所創造之系統，而不能繁豐細密的參照所包含的事實，便退步。（二）凡一種學問能擴張他研究的材料便進步，不能的便退步。西洋人研究中國或牽連中國的事物，本來没有很多的成績，因爲他們讀中國的書不能親切，認中國事實不能嚴辯，所以關於一切文字審求、文籍考訂、史事辯别等等，在他們永遠一籌莫展。但他們却有些地方比我們範圍來得寬些。我們中國人多是不會解决史籍上的四裔問題的，丁謙君的諸史外國傳考證，遠不如沙萬君之譯外國傳、玉連之解大唐西域記、高幾耶之注馬可波羅遊記、米勒之發讀回紇文書，這都不是中國人現在已經辦到的。凡中國人所忽略，如匈奴、鮮卑、突厥、回紇、契丹、女真、蒙古等問題，在歐洲人却施格外的注意……（三）凡一種學問能擴充他做研究時應用的工具的，則進步，不能的，則退步。……西洋人做學問不是去讀書，是動手動脚到處尋找新材料，隨時擴大舊範圍，所以這學問才有四方的發展，嚮上的增高。[一]

他這裏所强調的材料的擴充、方法的進步，尤其舉出研究中國「四裔問題」上西方學術界的重視與所獲成績的例子，實際上都暗含着兩層意思在內：其一，是倡導重視除文獻材料之外地下材料的出土，號召學人不讀死書，而要「動手動脚到處尋找新材料」，才有可能拓展學術空間，「隨時擴大舊範圍」。西方學者古書遠遠不如中國人讀得好，却能够不斷拓展新領域，取得新成績，這是一個重要的原因。其二，是主張將研究空間從傳統的中原地區嚮着邊疆地區（亦即舊籍中的「四裔」）拓展，認爲這將是中國學術未來發展的方嚮。他尤其提到的匈奴、鮮卑、突厥、回紇、契丹、女真、蒙古等問題，都是國人重視不足，但「在歐洲人却施格外的注意」的新問題。直到今天看來，傅斯年先生所倡導的這個方嚮，也仍然具有深遠的戰略眼光。民國時期學術所受海外漢學的影響是多方面的，而其中對於中國邊疆、民族和中外文化關係等方面的研究成果尤其引人注目，也爲時人所重視，都與這個時代背景有着密切的關係。

近代以來，西方學者（包括被國人視爲「東洋」的日本學者在內）的一批學術著作陸續被翻譯成中文出版，成爲當時國人瞭解西方並從而反觀自身的一面鏡子。其中，被選入本套近代海外漢學名著叢刊的許多名

[一] 傅斯年：歷史語言研究所工作之旨趣，國立中央研究院歷史語言研究所集刊第一本第一分，民國十七年十月。

家著作，堪稱其代表之作。這當中，有對中國古代民族史進行深入研究的白鳥庫吉著康居粟特考、帕克（E. H.Parker）所著匈奴史、津田左右吉著渤海史考等名著，也有涉及中國古代民族制度文化史的箭內亙著元朝制度考、元代經略東北考等系列研究專著。尤其是在中外文化交流和關係史方面，日本學者桑原騭藏著唐宋貿易港研究、木宮泰彥著中日交通史等著作，都開啓了這個領域的研究先河，影響甚爲深遠。

這批海外漢學名著的學術特點非常突出，一方面，它們大都充分利用了豐富的中國古代歷史文獻進行精深的文本分析，體現出作者的漢學水平和深厚的古文獻根基；但另一方面，從總體的研究方法上却與傳統的中國學術大相徑庭，作者已經不再像二十四史的史家那樣仍舊站在中原王朝正統史觀的立場來觀察所謂「四裔」，進行粗綫條的描述，而是以西方考古學、人類學、社會學等全新的研究方法和理論對研究對象從歷史語言、地理環境、社會組織結構、人群遷移流動、對外文化交流等不同的層面和角度加以剖析，從而展示出前所未有的學術新格局。在這批著作中，還有一部分屬於作者實地考察的行記，如鳥居龍藏所著東北亞洲搜訪記等，無論其學術水平如何參差不齊，但都體現出西方學術界重視田野工作、擴大和豐富新材料的研究取嚮，也和當時西方學者大規模進入我國邊疆地區開展所謂「考察」、「探險」活動的歷史背景相互呼應，由此對中國學人所産生的激烈震蕩和隨之而來「敦煌學」、「西夏學」、「蒙古學」、「藏學」等新的研究領域的形成，應當説都與之不無關係。

我們不能不注意到，在這批海外漢學名著中，日本學者的著述頗豐，這個特點也反映出近現代學術史上「東洋」與「西洋」之關係。自明治維新以來，日本以「脱亞入歐」爲國家目標，不僅在政治、經濟和軍事上努力以西方爲效仿和追趕對象，在文化上也與傳統的「以中國文化爲師」的模式拉開距離，出現了學術文化上的明顯轉型。在嚮西方學術學習借鑒方面，日本的確走在了中國的前頭，甚至承擔了嚮中國「轉手」輸入西方文化的「中間人」的角色。在中國的邊疆、民族、中西交通史等方面，日本學術界和西方學術界聯繫緊密，將其對中國傳統史籍的精深理解和西方研究範式的具體實踐有效加以結合，産生出一批重量級的學術成果，這也是清末民初投射在中國學術史背景上的一個濃重剪影。

當然也無須諱言，由於時代的局限，這套叢書所能够借以參考、使用的實物史料隨着地上地下考古文物的不斷發現，已經顯得落後。自二十世紀五十年代以來，中國學者在邊疆考古領域取得了重要的成績，尤其是在新疆、西藏、内蒙古、東北各地的田野工作爲匈奴、鮮卑、粟特、吐蕃、突厥等若干古代民族問題的研究都提供了大量新材料，提出了不少新問題。但是我們不能苛求前人，放在當時的歷史背景之下來看，叢書作者所顯現的問題意識、史料運用和研究方法，至今也仍然是具有借鑒作用的。

最後我們還應注意到，這批海外漢學著作的譯者有些是國人知曉的史學名家，如向達先生、趙敏求先生、方壯猷先生等，他們均具有深厚的傳統國學根底，也具有寬廣的國際視野，其中如向達先生曾遊學歐洲多國，在敦煌學、中西文化交流史研究等方面建樹卓越。但是，也還有更多的編譯者今天已經不再爲人知曉，這反而證明了一個事實：在清末民初這個中國近現代學術史轉型時期，西方學術所帶來的衝擊和影響，不僅僅波及少數學術精英，而且也深刻地震蕩着社會各個階層，中國人嚮西方學習從而變革求新、救亡圖存的强烈願望，可以説是這些譯著當年問世時最爲直接的「催生劑」。今天，在中華民族爲實現偉大的民族復興和「中國夢」的美好願景而努力奮鬥的新時代，重讀這套叢書，「温故而知新」，可以説是意味深長。

四川大學教授、博士生道師、教育部長江學者特聘教授

霍巍

作者簡介

著　者

布萊資須納德（E.Bretschneider，一八三三年—一九〇一年），俄籍漢學家，於愛沙尼亞的塔爾圖大學獲得醫學博士後到柏林、維也納和巴黎深造。一八六二年至一八六五年在俄國駐德黑蘭公使館當醫生。一八六六年至一八八三年在俄駐北京公使館當醫生，同時協助東正教北京主教Pyotr Ivanovich Kafarov（Palladius Kafarov，一八一七年—一八七八年）工作。Pyotr Ivanovich Kafarov主教是漢學家，教會藏書豐富，布萊資須納德在北京學習漢語，並閱讀了大量漢文獻，利用第一手材料研究中國歷史、地理與植物。他能用德文、法文、俄文寫作，但主要用英文寫作，向西方介紹中國。

譯　者

梁園東（一九〇一年—一九六八年），著名歷史學家、教授。梁園東教授長期從事中國歷史的教學和研究工作。二十世紀三十年代出版的著作有中國文學史、五代十國史、爪哇史、中國政治思想史、外國史（二册），二十世紀五十年代的著作有中國現代史、中國政治社會史（一—三），主要論文共計四十餘篇。

敍言

中國的歷史，有許多部分是黑暗的，至少是以現在的觀念看是黑暗的，假若欲把這些黑暗部分董理清楚，那就非經過一番大大的整理不可。整理的方法，自然是按所整理的事項，各有不同，不過有極初步而極需要的一點，卽是史料的『匯集』或『索引』。中國的史書，有的對某幾件事情，已經記得很清楚很完備，這固然很便當了，但是最普通的乃是一件事情，往往散見於許多書中，如欲從頭至尾了解這件事情，除非同時把幾十種書排在面前，參照對看不可。這還是指普通的說，假若要了解一些較特殊的事項，如我們現在所急欲了解的歷代經濟生活各方面的事項，那就連書也很難得立刻指出，究竟某書載有某種事項，更非先經過一番翻檢的工夫不可，這樣就有種種的困難，中國的書籍浩如煙海，往往使人望而卻步，只好放棄研究的計畫了！中國歷史的所以黑暗，這種研究上的困難，也是一大原因。

我現在卽舉一個極普通的事來說，卽如西遼——西遼是由中國支出去的一個國家，是個國家，並非一件瑣屑小事可比，但是他怎樣從中國支出去，怎樣到了西方，怎樣建立起國家，以及他的內部如何，何時滅亡，怎樣滅亡等等，若要詳細了解，就非遍檢羣書不可，據我所知，他的事蹟，乃散見於十幾種書上：遼史、金史、元史、契丹國志、大金國志、松漠紀聞、元祕史、親征錄、西遊錄、西遊記、西使記，以至於建炎以來繫年要錄、歸潛志、宏簡錄、遺山集等非直接關係的書，和通鑑綱目、續通鑑、續通考、遼史紀事本末等，而且這些書上的記載，勢須再參考其他關於歷史地理方面的許多書籍，才能眞正了解，不然，也是不精確的。這樣，如要弄清楚這件事情，就非用長期的時間，很大的精力，不能辦到！但是，現在如果有人能把這些散見的材料匯集到一起，而且已加以相當的考證，使我們用不到一小時的時間，卽可全盤了解，這不是再好沒有的事麽？——做匯集索引的工作，其爲大功德事，卽在這點！

現在且不談別的，就說西遼，早已有一位俄國人，他給我們已經做了這樣的功德工作，而且另外還搜集了些其他文字的記載，我現在譯出來，不是要我們偷懶的中國人，來享受他這個現成的利益，而是把他作個例，爲我們整理中國歷史初步方法上的指示。

俄人 Bretschneider 他所著的 Mediaeval Researches From Eastern Asiatic Sources 一書，早已成了考查亞洲歷史地理的寶庫，這本西遼史，就是從他的書中 Vol.I., P. 208–235 譯出來的，惟本書翻譯時，有許多地方並不忠實地依照原文，關於原譯中國書上各節，大都重新改編，只第二第三兩章，原引自西書的，始盡力保存原文。另外原書的註釋本極豐富，惟有許多地方著者似未過細考查，致於西遼事蹟，尚欠明暸，今悉由譯者改註於後。譯註中也有許多是取自本書他處的，皆於註中一一註出。其改編各節，及譯註全部，皆當由譯者負責。

譯註者：一九三三，六，二九。

目次

西遼史

緒論

契丹居地，原在滿洲南部（遼東），(譯註一)其見於中國記載，已早在四世紀間，據萊姆沙（A. Rémusat）之韃靼語彙（Langues Tartares），及克拉拍洛斯（Klaprath）之亞細亞方言解（Asia Polyglatta），皆謂契丹爲通古斯族（Tungnses），與後來之金人及滿洲人屬同種。惟從中國古籍所保存的一些契丹語看，他們似爲一種混合種，其中蒙古族（Mongol）和通古斯族，當都佔大部分。(譯註二)

關於契丹事蹟和其初期歷史，最近瓦細里夫教授（Professor Wassilieff）曾有很富趣味的記述，見於其所著東亞中部（滿洲和東部蒙古）歷史學和考古學的考查，起自十世紀至十三世紀（一八五七年俄國出版）其中主要部分係得自中國的遼史和契丹國志（原文爲遼國志"Liao Kuo Chi",似誤——譯者。）中國的遼史,曾由格伯蘭茲(Gabelentz)譯爲德文,一八七七年經其子刊行,此外施高德教授（Professor W. Schott）亦有契丹及黑契丹（Kitai and Karakitai）一書（一八七七年在柏林出版）均可參考。

當十世紀初年,契丹的領袖爲耶律阿保機,彼逐漸任一契丹各部,成爲蒙古大部分的共主,到九一六年遂稱帝,即契丹太祖（九一六——九二七）其子太宗(德光)繼之（九二七——九四七）又征服中國北部的一部分,始改國號爲遼。此契丹或遼帝國,存在約二世紀（九一六——一一二五）領有中國北部（只今直隸山西二省的北部）及滿洲和蒙古毗連的地方。我們知道回教徒著作家和中世紀的歐洲旅行家,其所以稱中國——北部中國——爲契丹(Kathay),正是由此契丹得來,雖到了現在,一般俄國人波斯人和土耳其斯坦的民族,仍然是以契丹稱中國。此契丹或遼帝國,後來爲金所滅。

據貝納克地(Benaketi)的中國史所述——其實是本於拉施特哀丁(Rashid-eddin)——

（譯註三）謂中國（Khatai）以北的遊牧民族，中國人稱之爲契丹，蒙古人稱爲哈喇契丹（Kara Kitai），其人居於蒙古里斯坦（Mongolistan）的沙漠邊境，後來其中有一種名古律基亞愛（Kaolichi Aia）的，征服中國，建立帝號，傳其子孫甚久云。貝納克地又謂此古律基亞愛一名，實即遼，其意爲王，他得天下以後，曾傳八代，歷二百一十九年。惟按多桑（d'Ohsson）所譯拉施特書，關於此名拉施特實係寫作耶律基阿保機（Djulidji Apaki）。（譯註四）

當遼帝國將要滅亡之前數年，其宗室中有一王子，集合一部分軍隊，遷於西方，征服東部和西部土耳其斯坦，花剌子模（Khovarezm）亦爲所屬。此王子所建的帝國，即成爲亞洲西部的哈喇契丹，其國亦存立將近一世紀之久，他的統治者在十二世紀間常常侵擾各回教國家。後來等到成吉思汗（Chinghiz Khan）興起後，其國始被滅。

關於哈喇契丹一名，並非創用於亞洲西部，而似起源於蒙古人或突厥人，蒙古語和突厥語，『哈喇』（Kara）一字都訓『黑』，爲什麼蒙古人把這種人稱爲『黑契丹？』那就沒法知道了！因爲創建黑契丹帝國的是遼的子孫，所以中國記載中稱之爲西遼，至於黑契丹一名，中國書中

都未用過。(譯註五)

中亞細亞黑契丹帝國的事蹟，吾人有兩種絕不同的材料，可以根據，其一是東方（中國或蒙古）的記載，如遼史，通鑑綱目，元朝秘史，以及中國中世紀的其他著作等。其二爲回教徒歷史家的著述，如征服世界者的歷史(Tarikh Djihan Kushai)及史事全集(Djami ut Tewarikh)等。(譯註六)

中國書中關於西遼的記載，已由費斯代魯(Visdelou)和杜美亞(Du Mailla)二君譯爲法文，費斯代魯所譯的係遼史卷三十，即遼代最後皇帝天祚帝紀的最後一段，其譯文刊於東方文庫(Suppl. à la Bibl. Orient)他的譯文極正確忠實；不過他把一些認爲不甚重要的專門名辭，删而未譯。杜美亞所譯，係取自中國的編年史綱目中，刊於其所著中國史(Histoire de la Chine)中。綱目的著者所取材料，似乎與遼史完全不同。

現在將遼史中所載西遼事蹟，再加以全部新譯，另外再以其他材料補充，如金元和中國其他或蒙古的中世紀著作等。

〔譯註一〕契丹居地——契丹居地實在今熱河境內，魏書、唐書、遼史所載皆同，作者謂在今滿洲南部卽遼東，似誤。新唐書雖謂其『東距高麗，』然已在發展以後，其根據地實不在遼東，遼史部族志云，『契丹之先曰奇首可汗，生八子，其後族屬漸盛，分爲八部，居松漠之間，今永州木葉山有契丹始祖廟，奇首可汗可敦併八子像在焉。潢河之西，土河（卽老哈河）之北，奇首可汗故壤也，』諸書所載以此爲最明晰。

〔譯註二〕契丹族姓——按契丹實爲鮮卑，其大族卽通古斯族，著者謂其爲通古斯與蒙古混合種，然蒙古族之出現實較晚數世紀，似未妥。魏書契丹傳云，『契丹在庫莫奚東，異種同類，』而庫莫奚傳云『庫莫奚國之先東部宇文之別種也，』是庫莫奚顯爲鮮卑宇文氏之別支，而契丹乃與其異種同類者。至新唐書所載更明，契丹傳云，『契丹本東胡種，其先爲匈奴所破，保鮮卑山，魏青龍中部酋比能稍桀驁，爲幽州刺史王雄所殺，衆遂微，逃潢水之南，黃龍之北，至元魏自號曰契丹，』是更明指爲鮮卑之支族，所謂比能，卽三國志烏丸鮮卑傳之軻比能，鮮卑自軻比能以後，始分裂爲數族，如慕容氏、宇文氏、段氏、乞伏氏、拓跋氏、禿髮氏等，依唐書所載，契丹實亦軻比能以後從鮮卑分裂出之一族。契丹在隋唐間顯受突厥同化，如改大人爲可汗，以宮庭爲窩魯朵等，皆係突厥語，是謂其與突厥混合尙可，若謂與蒙古族混合實未妥。

〔譯註三〕拉施特和貝納克地——拉施特哀丁（Rashid-eddin），爲一二四七年至一三〇七年間的波斯史家，供職於蒙古伊兒汗國合贊大王庭爲國務大臣（Vizier），受合贊大王命著史事全集（Djami ut Tewarikh），實卽蒙古全史，爲蒙古史中之最完備者，其事蹟洪鈞元史譯文證補，略有述及。

貝納克地（Benaketi）爲拉施特以後的波斯史家，著有中國史（Tarikh-i-Khata）八大册，惟其材料實皆取自拉施特書中，據貝納克地所述，此首著蒙古史的大史家拉施特，實爲中國人（Vol. I., P. 196, notes 532）。

〔譯註四〕多桑——拉施特史事全集，至十九世紀間歐洲人翻譯者甚多，而實以多桑（d'-Ohsson）爲最正確，多桑書名蒙古全史，由成吉思汗至帖木兒（Histoire des Mongols depuis Tchinguiz Khan jusqu'à Timour Beg ou Tameslan)，於一八二四年初版。

〔譯註五〕中國書中曾用黑契丹者——中國書中曾用黑契丹一名的，只見於西使記，西使記謂『黑契丹國名乞里彎，王名忽教馬丁算灘』。乞里彎本書原註（Vol. I., P. 147, notes 398）謂係今波斯東南之喀滿（Kenman），忽教馬丁謂係當時喀滿王庫特哀丁（Kotb-eddin）。

〔譯註六〕征服世界者的歷史——征服世界者的歷史（Tarikh Djihan Kushai），爲波斯史家阿萊哀丁（Alai-eddin Atta mulk Djuveni）所著，阿萊哀丁略與拉施特同時（卒於一二八三年）其書所記，多爲成吉思汗前後十年間事蹟，彼與其父皆曾供職於元憲宗朝（Vol. I., P. 195-196）。

史事全集爲拉施特哀丁著，已見前。

第一章　中國史中所見的西遼

一　遼史的記載

西遼事蹟，其見於遼史的如下(譯註七)：

創建西遼的始祖爲耶律大石大石係契丹太祖阿保機八世孫字重德通遼漢文，善騎射，一一一五年卽遼天祚帝天慶五年登進士第，擢翰林應奉，尋陞承旨，契丹語謂翰林爲『林牙』故稱大石林牙。大石舉進士後，曾歷爲泰祥二州刺史及遼興軍節度使。一一二二年卽天祚帝保大二年，天祚爲金兵所逼，西走天德軍入夾山（今綏遠薩拉齊縣西北，）命令不通，燕京留守宰相李處溫遂與大石等合謀共立秦晉國王淳爲帝，號天福皇帝，改元建福，降天祚帝爲湘陰王，世號北遼，凡軍旅之事，皆委大石主之。天福立數月卽卒，大石等乃議立其妻蕭德妃爲皇太后稱制，將迎立淳子秦王定爲帝，不料是年十一月金兵已進至奉聖州（今河北涿縣）續向居庸關進發，次年（保大三年）四月遼守兵潰走，大石亦爲金人所擄，蕭德妃先奔天德軍歸天祚，天祚怒誅德妃。是年九月耶律大石自金逃歸（譯註八）天祚帝責大石曰『我在汝何敢立淳？』大石對曰：『陛下以全國之勢，不能一拒敵，棄國遠遁，使黎民塗炭，卽立十淳皆太祖子孫，豈不勝乞命於他人耶？』天祚不能答，乃赦其罪，然大石不自安，遂別圖發展了！（譯註九）

一一二四年卽保大四年七月（是歲爲甲辰）耶律大石殺北府宰相蕭工辞坡里括，自立爲王，率鐵騎二百宵遁，北行三日，過黑水，（譯註十）見白達達詳穩牀古兒（譯註十一）牀古兒獻馬四百，駞二十，羊若干，西至可敦城，（譯註十二）駐北庭都護府，（譯註十三）大會七州十八部王衆，其七州爲：（譯註十四）

(1)威武　(2)崇德　(3)會蕃　(4)新　(5)大林　(6)紫河　(7)駞

十八部爲：（譯註十五）

(1)大黃室韋　(2)敵拉　(3)王紀剌　(4)基赤剌　(5)也喜　(6)鼻古德

(7)尼剌 (8)達拉乖 (9)達密里 (10)密兒紀 (11)合主 (12)烏古里
(13)阻卜 (14)普速完 (15)唐古 (16)忽母思 (17)奚的 (18)糺而畢

既會集，耶律大石諭其衆曰：

我祖宗艱難創業，歷世九主，歷年二百，金以臣屬逼我國家，殘我黎庶，屠翦我州邑，使我天祚皇帝蒙塵於外，日夜痛心疾首，我今仗義而西，欲借力諸蕃，翦我仇敵，復我疆宇，惟爾衆亦有軫我國家，憂我社稷，思共救君父，濟生民於難者乎？

大石演說似甚有效，會畢後卽由各部供給精兵萬餘，乃置官吏，立排甲，具器仗，明年（一一三〇年，）(譯註十六)二月甲午，乃以青牛白馬祭告天地祖宗，始再整旅西行。

當大石再西行之先，遣使遺書回鶻王畢勒哥，(譯註十七)要求假道，略曰：

昔我太祖皇帝北征，過卜古罕城，(譯註十八)卽遣使至甘州，(譯註十九)詔爾祖烏母主曰：『汝思故國耶？朕卽爲汝復之，汝不能返耶？朕卽有之，在朕猶在爾也！』爾祖卽表謝，以爲遷國於此，十有餘世，軍民皆安土重遷，不能復返矣。是與爾國非一日之好也！今我將西至大食，假道爾國，其勿致疑！

回鶻王畢勒哥得書，頗受感動，遂親迎大石，至其邸，大宴三日，大石始再啓行。臨行，回鶻王獻馬六百，駞百，羊三千，並願質子孫爲附庸，親送大石至境外。

耶律大石如是西行，所過國家，敵者勝之，降者安之，兵行萬里，歸者數國，獲駝馬牛羊財物不可勝計，軍勢日盛，銳氣日倍。後至尋思干（譯註二十）西域諸國舉兵十萬，號忽爾珊（譯註二十一）來拒戰，兩軍相望二里許，大石審其軍多無謀，攻之首尾必不能相顧，乃分軍三路，遣六院司大王蕭斡里剌招討副使耶律松山等將兵二千五百攻其右，樞密副使蕭剌阿不招討使耶律木薛等將兵二千五百攻其左，自以衆攻其中，三軍俱進，忽兒珊大敗，僵屍數十里。大石乃駐軍尋思干凡九十日，回回國王來降（譯註二十二）又西至起兒漫，（譯註二十三）文武百官遂共奉大石爲帝，時大石年三十八。

一一三二年，（譯註二十四）卽宋高宗紹興二年（金太宗天會十年）二月五日，耶律大石卽皇帝位於起兒漫，號葛兒罕，（譯註二十五）復上中國稱號曰天祐皇帝，改元延慶，追謚其祖父爲嗣元皇帝，祖母爲宣義皇后，册元妃蕭氏爲昭德皇后。因謂百官曰：『朕與卿等行三萬里，跋涉沙漠，夙夜艱勤，賴祖宗之福，卿等之力，冒登天位，爾祖爾父宜加卹典，共享尊榮。』因錫蕭斡里剌等四十九人祖父封爵有差。延慶三年（一一三四年）班師東歸，馬行二十日得善地，遂建都城，號虎思斡耳朵，(譯註二十六) 並改延慶爲康國元年。

康國元年（一一三四年）三月，西遼天祐皇帝耶律大石大整軍旅，以六院司大王蕭斡里剌爲兵馬都元帥，敵剌部前同知樞密院事蕭查拉阿不副之，基赤剌部禿魯耶律燕山爲都部署，護衞耶律鐵哥爲都監，率騎七萬東征，以青牛白馬祭天，樹旗以誓於衆曰：

我大遼自太祖太宗艱難而成帝業，其後嗣君耽樂無厭，不恤國政，盜賊蠭起，天下土崩，朕率爾衆遠至朔漠，期復大業，以光中興，此非朕與爾世居之地！……

復次又申命元帥斡里剌曰：『今汝其往，信賞必罰，與士卒同甘苦，擇水草以立營，量敵而進，毋自取禍敗也！』斡里剌等率軍行萬餘里，無所得，牛馬多死，勒兵而還。大石曰：『皇天弗順，數也！』

康國十年（一一四三年），大石卒，共在位二十年（一一二四——一一四三），廟號德宗。

其子夷列年幼，遺命皇后權國事——后名塔不煙——號感天皇后，稱制，改元感淸，在位七年（一一四四——一一五〇）子夷列卽位，改元紹興，籍民十八歲以上，得八萬四千五百戶，在位十三年（一一五一——一一六三）卒，廟號仁宗。其子亦年幼，遺詔以妹普速完權國稱制，改元崇福，號承天太后，共在位十四年（一一六四——一一七七）。普速完本爲大石都元帥蕭斡里剌子蕭朶魯不妻，與其夫弟朴古只沙里通，出駙馬蕭朶魯不爲東平王，並羅織殺之。於是駙馬父斡里剌以兵圍其宮，射殺普速完及朴古只沙里，而立仁宗次子直魯古，改元天禧（一一七八年。）

直魯古在位三十四年（一一七八——一二一一），天禧三十四年卽元太祖六年秋，直魯古出獵，乃蠻王屈出律，（譯註二十七）以兵八千擒之而據其位，遂襲遼衣冠，尊直魯古爲太上皇，皇后爲皇太后，朝夕問起居，以侍終焉。直魯古死，西遼遂絕。（譯註二十八）

（譯）（附）西遼世系

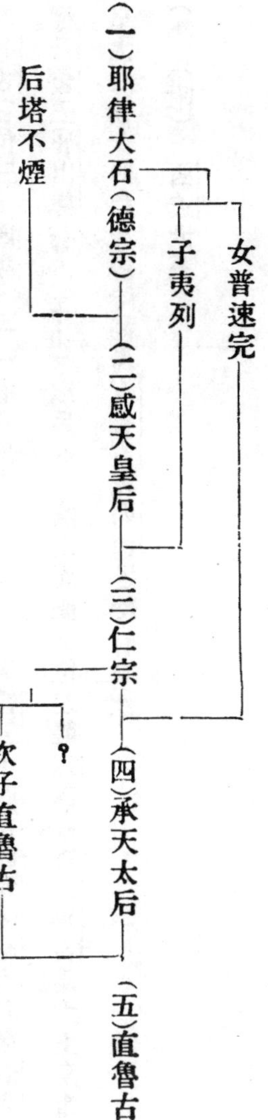

〔譯註七〕遼史記載——原書本節，全爲遼史卷三十天祚帝紀最後一段之譯文，惟遼史此段記載，須參看天祚帝紀他處事實，始能明瞭，今參照天祚紀悉行改編，既未依遼史原文，亦未依本書譯文，至於大石建國前後年代，更重新加以參訂，與本書作者所記全不同，其詳散見以下譯註中。

〔譯註八〕大石逃歸事——大石被擄經過，金史太祖本紀所載略詳，將引見下節，彼被擒後，似曾降金，後始逃歸，契丹國志載其事云：『大實降女眞，與粘罕爲雙陸戲，爭道，粘罕欲殺之，大實卽棄妻攜五子宵遁，粘罕怒，以其妻配部落之至賤者，不屈，射殺之。』又遼史紀事本末註引宏簡錄云：『金兵入居庸關，大石自古北口亡去，以其家襲奉聖州，爲婁室所獲，並降其衆。斡離不襲天祚，以爲鄉導，既而亡歸，預謀立魏王，王卒，復立其妻。』按魏王即秦晉王淳，其立在大石被擄以前，宏簡錄所載似不可信。

〔譯註九〕大石西遷原因——關於大石西遷原因，此段記載係因天祚責其輔立魏王，大石內不自安而出亡。然卷二十九又謂：『天祚既得林牙耶律大石兵歸，又得陰山室韋謨葛失兵，自謂得天助，再謀出兵，復收燕雲。大石林牙力諫曰：「自金人初陷長春遼陽，則車駕不幸廣平淀，而都中京；及陷上京，則都燕山；及陷中京，則幸雲中；自雲中而播遷夾山，向以全師不謀戰備，使舉國漢地皆爲金有，國勢至此而方求戰，非計也。當養兵待時而動，不可輕舉。」不從，大石遂殺工薛及坡里括，置北南面官屬，自立爲王，率所部西去。』是當時天祚在喪亂中方欲用大石，亦未必深責之，大石亦力爲謀畫，亦似非過於內不自安者。且大石於保大三年九月逃歸，至四年七月始西行，若眞恐天祚誅戮，絕不能停留如是之久。疑其西遷當係逆知事已不可爲，乃謀所以自處。

〔譯註十〕黑水——大石北行三日所過之黑水，究指何水？頗成問題。本書原註（Vol. I., P. 159, notes 428 及 P. 212, notes 544.）謂係指 Etsina 河，卽今甘肅肅州北之坤都倫河，其源在張掖亦稱張掖河元代稱爲額濟納河。但此說顯然不確，大石出發地點在夾山，卽今綏遠薩拉齊附近遼天德軍所在地，由此『北行三日』而至黑水，若以額濟納河當之，乃在夾山之正西，與『北行三日』語相違甚遠。額濟納河所以有黑水一名，因歷來釋地理者，多以之當禹貢之黑水，但卽使此水爲禹貢之黑水，而漠南北河流被游牧民族名爲黑水者甚多，如黑龍江卽本名黑水，今熱河平泉以北遼時亦有黑水（置有黑水河提轄司。）耶律大石所至之黑水，必須以在夾山以北爲唯一考查根據。聞日人羽田氏有西遼建國始末及其年紀一文，謂大石所過之黑水，爲今綏遠茂明安旗內之錫拉木倫河（見日人箭內亙可敦城考引）其說甚允，惜未見原文，不知有其他佐證否？

〔譯註十一〕白達達——白達達爲南宋人對於賀蘭山至陰山一帶民族之通稱，實卽突厥之沙陀族。耶律大石所見之白達達詳穩牀古兒，當爲金元間之汪古部（元秘史作汪古惕）所居在金長城邊外，當今綏遠北部。

〔譯註十二〕可敦城——可敦城本書原註（Vol. I., P. 219, notes 546.）謂卽金史地理志西京路所轄九詳穩中之胡都紇詳穩，並略指其地望，謂在蒙古西南部以至陝西北部。此說顯然未妥。可敦城明載於遼史地理志，不應與金史之胡都紇軍打合。遼地理志云：『鎭州建安軍節度本古可敦城，統和二十二年皇太妃奏置。』又『河董城本回鶻可敦城，語訛爲河董城，久廢，遼人完之以防邊患。』遼鎭州本西北邊防重地，治在漠北，專捍禦室韋羽厥等部，其節度駐所卽在可敦城（河董城）。此可敦城所在，遼史明謂爲回鶻可敦城，實卽古回鶻可汗建牙地。所謂可敦，因突厥回鶻等可汗稱其后爲可敦，唐代回鶻歷尙唐公主，爲可敦，公主亦自建牙，故可敦建牙處亦甚著名。然所謂牙，實只帳幕。唐書回紇傳所謂『可敦亦自建牙，以二相出入帳中』者是。可汗可敦分牙而居，亦當如中國皇帝皇后分宮而居者然，但雖分牙而居，自不能相距過遠，所以唐書回紇傳謂黠戛斯攻回紇城，殺可汗，焚其牙，得太和公主。又黠戛斯傳謂『阿熱破殺回鶻可汗，諸特勤皆潰，阿熱身自將，焚其牙及公主所廬（金帳，）金帳者回鶻可汗常坐也。』是可知可汗與可敦建牙處，必相附近，絕不能爲相距若干百里遠之兩個城池，說可敦城自亦可視爲回鶻城。乃近人丁謙作張耀卿紀行地理考證，謂『公主可汗，各建牙城以居。後可汗城爲黠戛斯焚燬，惟可敦城僅存』云云，且自註云，『事見唐書，』然吾人遍檢唐書，只見有阿熱焚可汗牙及公主所廬，却並未能見有『可敦城僅存』一事！

知可敦城爲回紇可汗可敦建牙地，那末求得唐代回紇可汗建牙所在，自亦可知遼地理志之可敦城所在。唐回紇可汗建牙處，據回鶻傳云在烏德鞬山昆河之間，烏德鞬山卽杭愛山，昆河卽鄂爾渾河，其地理，唐賈耽入四夷道里記所記甚詳，謂其地『東有平野，西據烏德鞬山，南依嗢昆水，』又謂『嗢昆河獨邏河（卽土拉河）皆屈曲東北流，至衙帳東北五百里合流。』是回紇可汗建牙處卽所謂回紇城，顯在今鄂爾渾河上源之北岸。其可敦建牙處，卽使不能成爲幾何學的同一地點，至少亦必在其附近。

唐代回紇可汗可敦建牙地，自被焚燬，及遼聖宗間因防阻卜等部，始重建城池，稱爲可敦城，其初本仍稱古回紇城，遼史太祖本紀云，天贊三年『九月丙申朔，次古回鶻城，勒石紀功，丙午遣騎攻阻卜，』及聖宗統和間重修時，始改稱可敦城，其所以棄回鶻城而稱可敦城的原故，自必因當時和州甘州等處回鶻尙衆，自不便仍以回鶻城稱之。此雖無他證據，然遼可敦城必爲唐書回紇傳之回鶻城，更有元張德輝遊記可證，且其所記與唐賈耽所記全相吻合。張德輝記行云：『自故城西北行三驛，過畢而紇部，乃弓匠積養之地，又經一驛，過大澤泊，周圍六七十里，水極瀲澈，北語謂吾誤竭腦兒，自泊之南而西，分道入和林城，相去約百餘里，泊之正西，有小故城，亦契丹所築也。』此所謂吾誤竭腦兒，卽今鄂爾渾河東岸之 Ugheir Nor，泊之西南爲和林城，泊之正西爲契丹故城，此契丹故城顯在和林之北。而在和林之北或稍西北，卻正有唐回紇可汗建牙處，元耶律鑄斐溪醉隱詩自註云，『和林西北七十里，有苾伽可汗宮城遺址，』苾伽本爲回紇可汗曾稱，唐書作毗伽，此宮城遺址在和林西北，按張德輝所記，恰在 Ugheir Nor 之正西，與張德輝所指之契丹故城相合，此契丹故城既在回紇宮城遺址，其爲遼之可敦城，自屬無疑。元都和林，據俄人巴得林(Paderin)之發現，乃在 Ugheir Nor 之東南三四十英里處，今張德輝所記之契丹故城在其北，若南視鄂爾渾河上源，亦恰正如唐賈耽所謂『南依嗢昆水』之回紇城。綜此三者：賈耽之回紇衙帳，張德輝之契丹故城，耶律鑄和林西北之苾伽可汗宮城遺址，其地望全相吻合，則遼聖宗時所重建之回紇可敦城，自不能不是張德輝所謂之契丹故城，如此其地望已顯然，不須再論。

遼可敦城既在鄂爾渾河上源北岸，亦卽吾諛竭腦兒之正西，其地自在耶律大石所過黑水卽西拉木倫河之西北，所以大石從夾山北行三日過黑水後，爲『西至可敦城，』當時可敦城爲遼西北重鎮，故大石至其地。惟遼史只稱西而未言西北，其故因遼人本以在熱河之上京爲中心，在今蒙古全部皆視爲西北，而可敦城以西尤視爲西域，遼史耶律唐古傳有云，『先是築可敦城以鎮西域諸部，』可知遼人向視可敦城爲極西邊地，正如漢代之視河西諸郡，其只稱西而不稱西北，自無足怪。（耶律大石所至之可敦城，日人箭內亙亦有可敦城考——商務印書館出版之兀良哈及韃靼考譯本附錄——其結論亦謂大石所至者爲鎮州可敦城，然其論證方法全不同，讀者可參看。）

〔譯註十三〕　北庭都護府（？）——耶律大石至可敦城後，遼史原文下一語卽謂『駐北庭都護府。』此北庭都護府，東西學者皆謂卽唐代治庭州金滿縣之北庭都護府。如本書原註（Vol. I., P. 217, notes 547.）謂卽別失八里（Bishbalik），又如日人羽田氏著有西遼建國始末及其年紀一文，亦謂北庭卽『元代之別失八里，今新疆濟木薩之北』（原文未見，此見箭內亙可敦城考引。）他如中國之考釋者如丁謙等更不待論。然吾於此不能無疑。

按唐之北庭都護府，自唐以後已爲回鶻所據，宋太宗太平興國六年遣供奉王延德出使西州回鶻（當時謂爲高昌國，實卽回鶻，）卽見回紇王於其地，當王延德至西州時，回鶻王云避暑北庭，西州卽漢之車師前王庭，在今吐魯蕃東，王延德記從西州北越天山至北庭道里甚詳（參看宋史高昌傳，）是北庭早爲回鶻所據甚明。宋史之西州回鶻，卽遼史之和州回紇，當時回紇甚衆，分據天山南北至甘肅一帶，對遼時叛時服，而以和州回紇爲中心。西州或和州回鶻都城，依王延德所記尙在西州或和州，北庭尙不過爲避暑地，但至少到元太祖興起時，畏兀兒卽回鶻的都城，乃在別失八里亦卽北庭。回鶻王於何時正式建都別失八里，雖不明暸，惟當耶律大石西遷時，北庭或別失八里，必屬回紇，或仍爲避暑地，或已爲都城，殆可確定。若如是耶律大石到可敦城駐北庭之北庭，是否爲唐之北庭都護府，實屬莫大疑問。

按遼史載耶律大石駐在所謂北庭都護府，大會七州十八部王衆以後，欲西至大食，先遣使致書回鶻王畢勒哥要求假道，是當其未假道以前，決不能至回鶻領地以內無疑，若然則且不論北庭都護府當時或已爲回鶻都城，卽使仍只爲避暑地，如有要求假道必要，那就決不能不經要求而公然開會，但試讀大石所遺回紇王書，此次要求似未行過，是大石又何能冒然在回紇王行宮所在地召集大會呢？況且假若大石既能不經要求而逕行召集七州十八部王衆開會於北庭，那末當時回紇王居於和州，乃在北庭之東南，大石欲至大食，儘可自向西行，又何必致書回紇王假道呢？此兩點已俱可使人疑惑大石所駐之北庭都護府，絕不能是唐代之北庭都護府。況且由可敦城至北庭都護府，中間相隔千數百里之遠，遼史乃以『西至可敦城駐北庭都護府』一語了之，又大石所會之十八部王衆中敵拉王紀剌等皆係東部蒙古部族，（詳下譯註十五）何能遠至極西之天山北麓相會，凡此亦俱係不可通者。

余意『北庭都護府』一語，必爲遼史作者之誤記，其實或當只爲『北庭』二字，按北庭習見於後漢書匈奴傳，如謂『詔聽南單于入居雲中，去北庭三百里，』『章和元年鮮卑入左地，擊北匈奴大破之，北庭大亂』等，北庭的所以成爲名辭，係北匈奴單于庭的略辭，單于庭亦稱龍廷或龍城，皆見匈奴傳，單于庭所在地，不難由匈奴傳所載山河地望考知，惟詞過繁不述，但此古匈奴居地，常常爲遼人道及，亦可知其地望，遼史蕭圖玉傳云：

『開泰元年七月石烈太師阿里底殺其節度使西奔窩魯朵城，蓋古所謂龍庭單于城也。已而阻卜復叛，圍圖玉於可敦城，勢甚張，圖玉使諸軍齊射卻之，屯於窩魯朵城。』

依此所記，單于龍庭亦在可敦城附近，此單于庭亦見於太祖本紀：

天贊三年八月甲午，『次古單于國，登阿里典壓得斯山，以麃鹿祭，九月丙申朔，次古回鶻城，勒石紀功。』

此古單于國自亦可作單于庭解，絕非泛指廣大的匈奴國，八月甲午至九月丙申，不過三日，其間除過登臨阿里典壓得斯山或有一半日停留其由單于國至古回鶻城，亦不過一半日，可知其相距甚近，正與蕭圖玉傳所記可敦城與窩魯朵相距不遠之情形相合。此單于城吾人又可知其在可敦城或古回鶻城之東南，因遼太祖天贊三年之行程，係出發征吐渾党項阻卜等皆西方部族，因而至古單于國再至古回鶻城，其必由東向西無疑。

總之遼人熟知可敦城之附近，爲古單于庭，且有窩魯朵城能以駐軍，吾人從其所記名稱不一觀之，如單于國單于庭龍庭等，則其有時必如漢書匈奴傳亦稱北庭，殆可斷言。若如是，則耶律大石至可敦城駐北庭都護府，必將爲此北庭之誤無疑，其實卽爲窩魯朵城，彼亦正如蕭圖玉一樣，係由可敦城而移駐於此者。如此卽不啻仍在可敦城，然後召集十八部王衆大會，或屬遼鎭州節度向來慣例。吾人前所致疑各點，均可釋然。

如此遼史原文所謂『西至可敦城駐北庭都護府，』應爲『駐北庭，』或更確實點爲

『駐窩魯朵城，』始可暸解。

〔譯註十四〕七州——此七州名遼史未載，本書原註（Vol. I, P. 213, notes 548.）引綱目云，『七州在西北邊地，』又註威武下云，卽畏兀兒（The Uigurs）其意似以威武音與畏兀兒相近，故以斷定。但此說決不確，綱目所謂七州在西北邊地，原屬臆測，遼地理志載上京道所統邊防城有鎮州、靜州、招州、及防州、維州，皆不在此七州以內，若大石所召集者爲邊防州，則鎮州等五州似不能不提及，至於威武與畏兀兒音雖相近，但遼代回紇皆屬國外部，曾否置有回紇州，實成問題。

今按此七州，當爲遼制之『宮衛騎軍，』或『頭下軍州，』必爲耶律大石所自建者，而非已設之州。遼制：拱衛天子敦軍設州縣，領之總稱曰『斡魯朵，』意卽『心腹，』遼史卷三十一云：『遼國之法，天子踐位，置宮衛，分州縣，析部族，設官府籍戶口備兵書，崩則扈從后妃宮帳，以奉陵寢，有調發則丁壯從戎，老弱居守，』又卷三十五云，太祖『立斡魯朵法，裂州縣，割戶丁，以彊幹弱支，詒謀嗣續，世建宮衛，入則居守，出則扈從，葬則因以守陵，有兵事則五京二州各提轄司傳檄而集，不待詞發。』此項心腹親軍，遼語爲『斡魯朶』，漢名爲某某宮，如遼太祖爲弘義宮，太宗爲永興宮等，綜計有遼一代共有十二宮（九帝二太后一皇太弟）分屬三十八州，每宮統蕃漢軍三萬至七萬餘不等，此所謂『宮衞騎軍。』

又除天子外，其他諸王大臣，亦可自置私軍，營衞志稱爲『大首領部族軍，』其所設州爲『頭下軍州。』遼史卷三十五云『遼親王大臣，體國如家，征伐之際，往往置私甲以從王事，大者千餘騎，小者數百人，著籍皇府，國有戎政，量借三五千騎，常留餘兵爲部族根本。』又卷三十七云：『頭下軍州皆諸王外戚大臣及諸部從征，俘掠或置生口，各團集建州縣以居之，横帳諸王國舅許創立州城，自餘不得建城郭，朝廷賜州縣額，其節度使朝廷命之，刺史以下皆以本主部曲充焉。』此種『大首領部族軍，』實與天子『宮衞騎軍』相等，不過只是大小不同罷了。

此種制度明白說來，卽是俘掠他部族人，編成衞軍，以給役供衞，而其統制，卻是設州縣統之，所以遼地理志每州下，多有隸某某宮之語，如懷州隸永興宮，泰州隸延慶宮等，而諸王大臣又可自行『創立州城，』由『朝廷賜州縣額，』如此當然可以想見遼代有『私軍』的諸王大臣，其所自建的『頭下軍州』一定很多。遼史地理志載有十五州是屬此種軍州，其他或因較小或因本主失權而取消致未記載的，一定還很多。

我以爲耶律大石所會的七州，必是其自建的此種軍州，大石在出走以前，或尙無建州的權力，及其出走時已自稱王，實際上亦不啻皇帝，他自行建州以統率其部曲，當然爲意中事。遼史謂其出走時，只率『鐵騎二百宵遁，』但金史太宗本紀載，天會二年十一月戊辰，『西南西北兩路權都統斡魯言，遼詳穩撻不野來奔，言「耶律大石自稱爲王，置南北官屬，有戰馬萬匹，遼主存者不過四千戶」』云云，又契丹國志載大石西走入沙子，『走凡三晝夜，始渡遼，馬數十萬收於磧外，金未之取，悉爲大石所得』云云，可知大石當時所統部曲已甚多，故建有七個『軍州』——如是此七州名稱當然不能見於遼史他傳。

〔譯註十五〕十八部——大石所會之十八部，皆契丹部族或契丹國外部族（卽非契丹族），其名有見於遼史營衞志地理志百官志的，有的未見，今略爲詮釋其居地如下：

大黃室韋部——室韋見唐書，分佈黑龍江上游南北岸，元代蒙古人本亦室韋之一部。（蒙兀室韋）契丹太祖初興時，征服其大小二黃室韋部，更名突呂不室韋部，戍泰州東北。遼泰州據清一統志在吉林長春西，是當時大小二黃室韋部當在松花江北，今嫩江流域。

敵拉部——敵拉遼史之異名甚多，有作敵烈、迪烈、迭烈、敵剌、迪烈於、敵烈德、迪烈得、迭烈德等，皆同名異譯，其部族甚強，常爲遼邊患，營衞志載敵烈有八部，八部已不可考，遼設有烏古敵烈統軍司治之。其分佈地近日人考者甚多，津田氏有遼代烏古敵烈考，謂敵烈『殆以烏里順河（遼史安眞河）流域呼倫泊附近爲游牧地，』箭內亙氏更闡其說，謂敵烈實卽元代之塔塔兒且拉施特哀丁之史事全集中載有環繞貝爾池（Bonyir = Bär Nor）附近有六種塔塔，其中之一族爲 Tereit，與遼史之敵烈或迪烈得正可對譯，於是更可斷定遼代之敵烈部爲烏里順河之民族（以上皆見商務印書館出版之兀良哈及韃靼考譯本）此說甚是，今從之。

王紀剌部——遼史他處未見，無法考知，日人箭內亙以爲卽元代之翁吉喇族，金史作廣吉剌，元史作弘吉剌，顯爲一名，當是元代之翁吉喇都居塔塔兒之東，額爾古納河下游。

基赤剌部——遼史亦作基札剌（百官志）與元祕史之札答剌部音甚近，亦當係一部，居克魯倫河北。

也喜部——他處未見，或當卽乙室部，乙室爲遼之『國舅族』與拔里，述律二部，世爲蕭氏，與耶律氏連姻，其初居地亦當在松漠之間，後鎭駐綏遠東部。

鼻古德部——亦作鼻國德或鼻昔德（百官志），與遼關係極密，常來朝貢，其居地未詳，惟與宗重熙二十一年『遣使詣五國及鼻古德烏古敵烈四部捕海東青鶻』按海東青鶻似產在松花江或黑龍江流域，吾人知女眞的所以叛遼獨立，起因卽在遼天祚帝數向女眞逼索海東青鶻，且遼之五國部卽近女眞，金史卷一載遼咸雍八年五國沒撚部謝野勃菫叛遼，鷹（卽海東青鶻）路不通，金景祖伐之，謝野來拒云云。五國與女眞相近，而烏古（詳下）敵烈皆爲貝爾池一帶部族，如是鼻古德之確實居地雖不能定，但大略亦當在五國、女眞、敵烈等之間。

尼剌部——營衞志及百官志皆載有涅剌部，或係一部。涅剌亦爲契丹本族，居黑山北，在今熱河西北。

達拉乖部——不詳，疑或爲達盧骨部，聖宗本紀記此部於統和十九年來貢，然亦不詳其居地。

達密里部——疑卽轄麥里部，聖宗間曾一見，開泰四年遼兵征敵烈破之『獲其輜重，及所誘于厥之衆，併遷迪烈得所獲轄麥里部民，城臚朐河上以居之。』按臚朐河亦作驢駒河卽克魯倫河，于厥在克魯倫河南，地理志云『皮被河出回紇北，東南經羽厥入臚朐河。』轄麥里部民爲敵烈所獲，是必在敵烈附近。其部未嘗與遼相通，疑當在敵烈以北。（箭內亙云『達密里當在流入 Orkhon 河之 Tamir 河畔，』其意似因達密里與 Tamir（塔米爾）音相近，故云然，未知孰是。）

密兒紀部——亦作密里紀及梅急里，他處亦未見，箭內亙以爲即元祕史之篾兒乞惕(Merkit)，當是。其部在元代居鄂爾渾河與色楞格河之合流處。

合主部——不詳。聖宗間有曷蘇館部，數來朝貢，亦作葛蘇館，聖宗開泰四年『曷蘇館部請括女眞王殊只你戶舊無籍者，令其丁入賦役，從之』是此部與女眞相近。

烏古里部——烏古里亦爲遼北邊大族，普通作烏古，亦作烏骨里，與敵烈相近，遼設有烏古敵烈統軍司。其居地日人津田之烏古敵烈考云『烏古部爲居喀爾喀河（遼史之于譜里河）流域之部族，其北方海剌爾河（遼史之海勒河）及額爾古納河（遼史之臚朐河）上流附近，蓋亦此部或其同族之遊牧地也』按遼史穆宗紀云『應曆十五年七月丁丑，『烏古掠上京北榆林峪居民，』又興宗重熙十八年紀云『五月戊午五國節度使耶律仙童以降烏古叛人授左監門衞上將軍。』又穆宗十五年烏古及大黃室韋小黃室韋等並叛，皆以樞密使雅里斯爲行軍都統討之，綜此數點，可知烏古與五國部及大小二黃室韋部必相接近，而又必在上京以北之近邊，五國部據契丹國志在女眞東北，當在混同江流域，大小二黃室韋在嫩江東西，如此烏古當在女眞之西北，室韋之西，及熱河之北，津田所謂在喀爾喀河流域當大體近似，而敵烈必在烏古之北亦無疑，敵烈之東必亦爲室韋（穆宗十五年紀五月『甲申庫古只奏室韋長寅尼吉亡入敵烈。』）

又按箭內亙氏更據津田之說，謂烏古居地（指額爾古納河上流者）顯與元代之翁吉剌部相合，而以遼史之于厥或羽厥部，亦爲烏古之異譯，皆同爲翁吉剌部。此說恐未確，元之翁吉剌部旣有王紀剌一部當之，卽絕不能再以聲音相差較遠之烏古或烏古里當之，且烏古能侵上京之北，是顯在敵烈之南，亦卽元代塔塔兒之南，更不應以之當塔塔兒以北之翁吉剌部。且更有甚者，箭內亙因將耶律大石所會十八部中之王紀剌與烏古里二部，同認爲係翁吉剌部，於是遂以十八部中之烏古里爲遼史作者之誤記，實應只有王紀剌或烏古里，卽是不應爲二。雖然此是否誤記，吾人實不敢苟同也。

又箭內氏以烏古卽于厥或羽厥，此亦未確。箭內氏似以于厥與烏古音旣相近，而于厥亦有作爲于厥里，與烏古作爲烏古里正同。但吾人似檢遼史，于厥與烏古往往並舉，顯非一族，遼史部族表載，太宗會同四年二月，烏古來貢于厥里來貢，又五年七月，鼻骨德烏古來貢，又朮不姑、鼻骨德、于厥里、來貢，此于厥里與烏古顯然不是同部。又地理志云『皮被河出回鶻北，東南經羽厥，入臚朐河，』不論皮被河與臚朐河當今某一河流（箭內亙謂皮被河爲克魯倫河，而以臚朐河爲額爾古納河，但克魯倫河之爲驢駒河，明載於張德輝紀行，則臚朐河似不能不爲驢駒河，如是皮被河恐只爲克魯倫河之一源）而羽厥在回鶻之東南，已無可疑，如是則羽厥應爲土拉河以東及克魯倫河以南之部族，與在喀爾喀河流域之烏古部，更不能成爲同部。但此外亦有很可疑之兩點，其一爲遼史百官志所載各部，凡有羽厥的即無烏古，而凡有烏古的亦無于厥。又聖宗開泰三四年間，烏古叛寇邊，四年四月耶律世良討烏古破之，乃其下卽云：『時于厥既平，朝庭議內徙其衆，于厥安土重遷，遂叛』然在此以前又絕未記有于厥叛亂事實，與『時于厥既平』一語顯然不接，且其叛者實爲烏古，於此吾人實不能不疑惑所謂既平之于厥，實卽烏古，如此是又爲一部。但既如此，何以部族表中于厥與烏古又同時併舉呢？欲解決此困難，吾人似不得不假定，于厥與烏古，實爲同族，而非同部，于厥似爲居於貝爾池以西者之烏古，而烏古乃爲居於貝爾池以東者之于厥，遼代之記事者，或因其族名同而分部不同，故以不同之字分別之。惟事無確證，姑假定如此。

阻卜部——阻卜爲遼西北境最大部族，二百年中時有侵擾，遼之建可敦城，東卽爲鎭敵烈，西卽爲阻卜。關於阻卜之族姓及其分佈，日人松井氏有阻卜考，箭內亙氏有阻卜與韃靼，松井氏確定『其散居之區域甚廣，亙於漠之南北，』箭內氏更宗其說，謂阻卜實爲陰山韃靼，其說皆見於兀良哈及韃靼考一書。王國維先生亦有韃靼考，於阻卜之說明更詳，謂阻卜實卽韃靼，其分佈東抵克魯倫河，西至鎭州可敦城以西南至黨項，皆爲其族。其詳不具引。

普速完部——遼史未見，不詳。

唐古部——卽党項，元代稱爲唐兀惕（Tanghut），亦卽西夏，據今甘肅及陝西西北。

忽母思部——亦作胡母思山部或胡母思山蕃，地在古回鶻城西南及阻卜之西，似爲阿爾泰山一帶民族。太祖天贊三年九月『次古回鶻城，遣南府宰相蘇，南院夷離菫迭里，略地西南……是月破胡母思山蕃部。』

奚的部——糺而畢部——此二部皆不詳。百官志載有四部族部、四蕃部、五部蕃部等，或皆屬之。

〔譯註十六〕大石假道回鶻之年代——關於耶律大石建國前後年代，無法確知述者皆得於推測。其能確知者只大石從夾山出發之年爲保大四年七月，亦卽公元一一二四年（此載於遼史卷二十九卷三十末載，以致本書原著者只根據卷三十，謂大石出發在一一二〇年，甚誤。）大石從夾山北行三日過黑水，會白達達詳穩，又西至可敦城，其間至多當不過月餘，其至可敦城時必仍在一一二四年無疑。惟其至可敦城後，於何時駐北庭大會十八部王衆？又於何時致書回鶻王假道西行呢？據遼史所記，於述其宣諭十八部王衆後，卽謂『明年二月甲午，……整旅西行』云云。此明年究指何年？此於大石建國年代之考查上，實甚重要，故亟有一考究之價値。

近日人羽田氏著西遼建國始末及其年紀一文，謂大石到可敦城後，『以金之天會八年到北庭（元之別失八里今新疆省濟木薩之北）』云云，羽田氏原文余未得見（以上只見箭內亙可敦城考引）不知其根據何種材料推算，但余甚服其所指出之『天會八年，』然絕不同意其於此年到北庭。在羽田氏必係根據遼史原文到北庭者即到北庭都護府，且於其地大會十八部王衆，然此絕非事實，實際上乃係於可敦城附近之北庭（單于庭）會十八部王衆後，於金之天會八年假道回鶻西行。假使如羽田氏說於天會八年始到北庭會十八部王衆，其間有極不可通之一點，今述如下。

按遼史載大石會十八部王衆時之演詞有云『金以臣屬逼我國家，殘我黎庶，屠翦我州邑，使我天祚皇帝蒙塵於外，』又有『惟爾衆……亦有思共救君父濟生民於難者乎』等語，由此等語看是當大石會十八部時，天祚尚『蒙塵於外』顯未爲金所擄，故大石僅謂『逼我國家』『屠翦我州郡』是遼尚未全亡，又謂『思共救君父』顯係接上文『蒙塵於外』而來，則當時必在天祚被擄以前，亦即必在保大五年二月（即金天會三年）

以前，似乎甚明。假若有人以爲所謂『蒙塵』亦可作被擄解，但試再看大石於致書回鶻王假道時，乃直曰『今我將西至大食，假道爾國，其勿致疑，』其詞與前文大異，不惟絕未提及天祚，且亦毫無『借力諸蕃，』『復我疆宇』之意，而只直謂欲至大食，是其兩次措辭，情境已全不同，顯然甚明。如此則其致書回鶻王要求假道，至少必在天祚已被擄後，卽保大五年二月以後，必無疑問。若依羽田氏之說，大石到別失八里會十八部王衆在天會八年，則已在遼亡之五年以後，若如此，他且不論，天祚帝已死於前二年，卽天會六年（天祚生於道宗太康元年閏四月，終年五十有四，以中國年歲算法，從太康元年到金天會六年，正五十四年，）那末大石會十八部王衆時，又何能謂『天祚皇帝蒙塵於外』呢？如此大石之會十八部王衆，至少亦不能在天會六年以後，當不待論，是羽田氏所定天會八年大石到別失八里而會十八部王衆之說，顯然不能成立。

羽田氏之說既不能成立，則吾人之假定其會十八部王衆，必在保大五年二月以前，似乎較近於事實。而且按吾人譯註十三之考查，所謂北庭都護府實卽北庭（單于庭）之誤，則其到可敦城後，於一一二四年末或一一二五年初，於附近之北庭召集大會，自屬可能，如此會聚之年代爲確實，則更可反證北庭之必在可敦城附近，無待再論。

雖然，大石之在北庭召集大會，固絕不能在天會八年，而大石之再西行，假道回鶻之年，卻必爲天會八年，羽田氏之發現此年，其理由吾不得知（似根據金史卷一百二十一），惟余之所以亦取此年爲大石再西行之年，其理由甚簡單，因遼史記其於會十八部王衆，『置官吏，立排甲，具器仗』以後，謂『明年二月甲午，以青牛白馬祭天地祖宗，整旅而西』，此所謂『明年』，雖似無可捉摸，然『二月甲午』卻可爲一考查導線，余曾遍檢金史天會間之日干，凡天會三年至七年之五年中，其二月絕無『甲午日』，只天會八年二月有甲午。金史卷三所記天會八年正二月中之數日干如下：

正月　甲辰朔（元旦）高麗夏遣使來賀，

丁巳（十四日）以韓企先爲尙書左僕射兼侍中，

己未（十六日）阿里蒲魯渾克明州，

二月　乙亥（初三日）宗弼還自杭州，

庚寅（十八日）取秀州，

（甲午）（二十二日）

戊戌（二十六日）取平江，汴京亂。

吾人雖不應以此日干之相合，卽視爲絕對可靠，但如其爲確實時，却爲極有力之證據。而此日干之必確切無疑，從金史卷一百二十一粘割韓奴傳中可完全證明此傳之記載，將引見下節。其大略謂，當天會七年時，『泰州路都統婆樓火奏大石已得北部二營，恐後難制，且近羣牧宜列屯戍』云云，是天會七年大石顯然尙在漠北。及天會八年，金『遣耶律余睹石家奴拔離速追討大石，徵兵諸部，諸部不從，石家奴至兀納水而還。余睹報元帥府，曰，聞耶律大石在和州之域……』云云，是天會八年金人曾追討大石，而金兵至時，大石已行抵和州，卽回鶻境內。雖然大石之去和州，究係在七年末或八年，從此段記載，似難決定，但吾人若已知七年二月必無甲午，只八年二月之二十二日爲甲午，卽立可斷定大石之至回鶻，必在八年無疑。從此又可知大石之所以於天會八年離去可敦城及北庭（單于庭，）實原於金人之見逼，則大石對回鶻王書云今『我將西至大食，』實出於不得已者。

根據以上考查，吾人於大石之初期年代，已全盤明瞭，彼係於一一二四年抵可敦城駐北庭，大會各部，初擬恢復，及一一三〇年初間，因金人已有向北方發展傾向，恐蒙不利，乃再決意西行。

〔譯註十七〕回鶻王——大石所致書要求假道之回鶻王，即宋王延德所使建都西州或和州，以舊北庭都護府治所爲避暑行宮之所謂西州或和州回鶻，其時和州回鶻之領土如何，雖不詳（略見於元史卷一百二十二，）但無論如何，其行宮甚或已爲都城之北庭（別失八里，）實爲從蒙古與中國至西域之要道，此於元代諸旅行家如耶律楚材長春眞人常德及馬可波羅，以及元史元祕史等所載對西域用兵路線，皆可知之，從此沿天山西行，過伊犂河，卽入阿母錫爾河流域。

〔譯註十八〕卜古罕城——卜古罕城卽古回鶻城，遼太祖天贊三年會至其地，已引見譯註十三。其城初爲回鶻骨咄祿毗伽闕可汗所建，當唐玄宗天寶初年，（八世紀中葉）骨咄祿可汗爲回鶻最初强盛之可汗，因其時始佔據突厥故地，建牙烏德鞬山昆河之間，所以甚有名，其人中國所知者雖爲骨咄祿可汗，而漠南北以至土耳其斯坦各民族，皆稱之爲卜古罕(Buku Khan)，波斯史家阿萊哀丁（Alai-eddin）之征服世界者的歷史中，卽稱之爲卜古罕，大約爲其另一尊稱，故耶律大石直稱其城爲卜古罕城。

〔譯註十九〕甘州——甘州卽今甘肅張掖縣，唐以後其地亦爲回鶻，稱甘州回鶻，耶律大石所謂其太祖皇帝遣使甘州云云，事見遼史太祖本紀：天贊三年『十一月乙未朔，獲甘州回鶻都督畢離遏，因遣使諭其主烏母主可汗，』次年四月『回鶻烏母主可汗遣使貢謝。』

〔譯註二十〕尋思干——尋思干卽今薩馬爾干(Samarkand)，其地古亦稱 Cimesquinte，所以元代稱之爲薛迷思干，或尋思干（本書 Vol. I., P. 76, notes 195）。惟通鑑輯覽及遼史紀事本末，皆作塔什干，如是卽應爲今之 Teshkent，惟按元代稱塔什干爲察赤，並不名塔什干，恐未確。

〔譯註二十一〕忽爾珊——忽爾珊清畢沅續通鑑作呼拉沙，遼史紀事本末作呼喇繖，此名若還原有二字可譯，一爲 Kharazm，一爲 Khorasan，前一字中國古譯作貨利自彌，或花剌子模，後一字中國古譯作呼羅珊，或哥剌森。貨利自彌在阿姆河下游，鹹海西南，其意爲『低平地，』土甚肥沃，其名起源甚早。呼羅珊在阿姆河上游西南，當今阿富汗西北之黑拉特城（Herat）以北，及波斯之東北地，歷爲波斯重鎮。當耶律大石至尋思干後，『西域諸國舉兵十萬號忽爾珊來拒戰，』此忽爾珊既有忽爾珊及呼拉沙之不同記載，究係何意呢？

中國的註釋者，皆以此當 Khorasan，如丁謙之西遼立國本末考云『忽爾珊卽呼拉商，波斯東北大省名，時塞爾拉克朝王建都於此，西域人每以地名爲國名，故號爲忽爾珊。』本書原註（Vol. I, P. 215, notes 554.）謂忽爾珊乃 Khorazm Shah 的譯音，意卽花剌子模王，花剌子模王庫特哀丁謨罕默德（Kutb-eddin Mohammed）於一〇九七年至一一二七年間在位，首離塞爾拉朝(Seldjuks)而獨立，即以花剌子模爲號發兵拒耶律大石的當爲其繼位者云。

余意此忽爾珊仍以 Khorasam 爲是。耶律大石云此次戰爭，至遠在一一三二年以前（詳下，）其時花剌子模固已興起而塞爾柱突厥尚未完全覆滅，塞爾柱王自十一世紀中葉以來，已久爲中亞各國共主，即庫特哀丁亦其屬下，耶律大石至尋思干時，塞爾柱王名號仍存，而塞爾柱之都城，即在呼羅珊之尼沙不耳(Nishabur)，阿姆河流域之薩馬爾干一帶尙爲其領土。當時西域諸國以塞爾柱王爲中心起兵抗拒耶律大石，似較花剌子模王爲近似。況以中國之字音論，忽爾珊之爲 Khorassan，亦較 Khorazm Shah 爲近。

又據本書 Vol. I, P. 229, notes 587. 根據法人德巨涅(De Guignes 著有匈奴突厥蒙古及韃靼史)所述，謂當一一四一年時，塞爾柱蘇丹桑節兒 (Sandjal) 與黑契丹葛兒汗(即耶律大石)戰大敗，其眷屬均被擄，是可見雖在以後塞爾柱朝仍與西遼時生戰爭，而花剌子模卻早降於西遼(詳下)。

凡此都可用以決定遼史中之忽爾珊，必以塞爾柱王都城所在地之呼羅珊爲近眞。

〔譯註二十二〕回回國王——此回回國王卽花剌子模王，元代對花剌子模普通都稱回回國。

〔譯註二十三〕起兒漫——此起兒漫中國註釋家皆謂卽今波斯東南之喀瑞（Kerman），然當時阿姆河以南尙爲塞爾柱朝領地，大石雖勝，似不能卽入塞爾柱之腹地。本書原註（Vol. I, P. 216. notes 555）謂，起兒漫實爲薩馬爾干西之 Kermaneh 城，城在薩馬爾干與布哈爾之間，此城甚古，後廢，當耶律大石至西域時或仍存。如此始確。

〔譯註二十四〕耶律大石稱帝之年——耶律大石之開始稱帝，據遼史原文，謂其於忽爾珊戰後，西至起兒漫，『文武百官册立大石爲帝，以甲辰歲二月五日卽位』是謂其卽位之年在『甲辰』。然大石於保大四年（一一二四年）西行，其年已爲甲辰，此後五十九年中再無甲辰，大石何能於甲辰年在起兒漫卽帝位呢？此點錢大昕廿二史考異已辨之，略謂：『天祚出軍夾山，在保大四年七月，達實（卽大石）西去卽甲辰歲，其明年二月甲午整旅而西，兵行萬里，駐軍塔什干，凡九十日，又西至奇爾愛雅，而後受册卽位，其所歷日月久矣，不特非甲辰二月，恐亦非乙巳二月也。』此年份之爲遼史誤記，固無疑問。

惟吾人已推定大石之假道回鶻西行，在金天會八年卽一一三〇年，於此更有數種材料，可以推定大石之稱帝，實在一一三二年卽金太宗天會十年，其年爲壬子。此推算方法略述如下：

據波斯史家拉施特哀丁所記（其詳將行見下節）西遼最後一汗（西史中仍稱葛兒罕，實卽直魯古）於一二一一年間爲乃蠻王庫楚類汗（Guchluk卽遼史之屈出律）所篡，且謂後二年至一二一三年時，此被篡之葛兒汗憂恚死。如此則一二一一年既爲直魯古之最後一年，亦爲西遼之最後一年。

由此再按遼史所記此最後之直魯古汗乃在位三十四年而被廢，是其初卽位改元是年，必爲一一七八年，由此再往上推，則西遼各帝在位之年代，皆可求得：

（五）直魯古（在位三十四年）——一一七八——一二一一（一二一三年卒）

(四)承天太后(在位十四年)——一一六四——一一七七

(三)仁宗(在位十三年)——一一五一——一一六三

(二)感天皇后(在位七年)——一一四四——一一五〇

(一)德宗(在位二十年)——一一二四——一一四三

按遼史載耶律大石在位二十年，有人頗以爲應從其稱帝之年數起，但直魯古之被廢在一一二一年，既成鐵案，則欲求得耶律大石在位二十年之數，無論如何非從一一二四年數起不可，一一二四年乃大石初稱王西走之年，則遼史作者所根據之材料，必係由其稱王之年計算共在位二十年，若從其稱帝之年算起，卽不可得。

知耶律大石在位二十年，其最後一年爲一一四三年，那末其年必爲康國十年無疑，因遼史記其於康國十年歿。康國十年既爲一一四三年，則康國元年自不得不爲一一三四年。又按遼史所記，康國元年乃由延慶三年改元者（遼史原文謂：『延慶三年班師東歸，馬行二十日得善地，遂建都城，號虎思斡耳朵，改延慶爲康國元年，』是明由延慶三年改元，而遼史紀事本末爲強足稱帝二十年之數，遂臆斷改元之延慶爲延慶十一年，甚誤）則延慶三年亦自爲一一三四年，如是上推延慶元年即耶律大石稱帝之年，自爲一一三二年，毫無可疑。

因此故吾人斷定大石在起兒漫稱帝之年爲一一三二年，乃在其由北庭啓行假道回鶻西行之第三年。

除以上之推算外，又按元代長春眞人邱處機之西遊記云，『十六日西南過板橋渡河，晚至南山下，卽大石林牙國，其王遼後也，自金師破遼，大石領衆走西北，移徙十餘年，方至其地，』此所謂南山下之地卽指虎思斡耳朵，長春子謂大石移徙十餘年始至其地，建立都城，正與吾人所推者相合，因大石於一一二四年西北行，至一一三四年始建都城於其地，實已歷十一年。

〔譯註二十五〕葛兒罕——葛兒罕於波斯史家之書中皆作 Gurkhan，拉斯特哀丁云，其意爲『大汗』（詳見下節引。）

〔譯註二十六〕虎思斡耳朵——虎思斡耳朵原爲土耳其斯坦一大城，本名八剌沙衮（Belasagun），據阿萊哀丁所述，其城始建於回鶻可汗卜古罕（Bukukban）卽骨咄祿毗伽闕可汗，已見前註）惟實際上在卜古罕以前，其地已爲重要城市，土耳其斯坦民族常視其地爲『地球之中心』，以爲正當東西南北四方之中央。惟其城址久廢，不甚明悉。九、十世紀間之亞拉伯地理家，只謂其城在藥殺河（Yaxartes 卽錫爾河）之北，塔剌斯城（Taras 名見西遊錄）以東，然究未確指爲何城。元代中國的旅行家，述及其地者甚多，耶律楚材之西遊錄，謂在伊犂河之西，其記謂『又西有大河曰亦列，其西有城，曰虎司窩魯朵，卽西遼之都，附庸城數十，又西數百里，有塔剌思城，』是耶律楚材亦謂在塔拉斯之東，而伊犂河之西。又元祕史謂，乃蠻古出魯克（卽庫楚類汗）敗後，『過委兀合兒魯種去，至回回地面吹河行，與合剌乞塔種的人相合了，』是必謂合剌乞塔（卽黑契丹）的都城在吹河附近，於此再參看長春眞人西遊記，卽更明確，西遊記謂於過伊犂河後，『十六日西南過板橋渡河，晚至南山下，卽大石林牙國，』此所渡之河卽吹河，是其城在吹河以南無疑（參合本書原註 Vol. I., P. 226, notes 583）。

虎思斡耳朶乃耶律大石建都後新起的名稱，『斡耳朶』爲突厥字 Ordo 的譯音，通用於契丹及蒙古人間，亦作窩魯朶或鄂爾多，卽宮廷意，普通亦可用作住宅解。『虎思』本書著者謂有近於滿洲字 Hosun，意爲『堅固』，故西遼之都城譯意卽爲『堅城』。

（參合本書原註 Vol. I., P. 216. notes 557.）

〔譯註二十七〕乃蠻王——乃蠻王屈出律，元祕史作古出類克，元史作庫楚類汗，彼於元太祖三年（戊辰）爲蒙古所逐，逃至西遼，西遼葛兒汗直魯古納之，且妻以孫女，其時當爲直魯古之天禧三十一年。越三年屈出律連絡花剌子謨，驅逐直魯古而據其位，直魯古廢後爲名義上之太上皇，至一二一三年卒。關於此事，波斯史家拉斯特哀丁及阿萊哀丁等所記較遼史爲詳，參看下節。

〔譯註二十八〕西遼之亡——耶律大石之西遼，於一二一一年被篡，計其自一一二四年初稱王，至是實歷八十八年。遼史本傳論云，大石『建號萬里之外，雖寡母弱子，更繼迭承，幾九十年，亦可謂難矣！』『幾九十年，』即謂不足九十年。

惟乃蠻王屈出律篡直魯古後，並未改號，仍爲西遼。屈出律在其地又娶一妻，篤信佛教，屈出律因下令國中，令一切回教徒都改信佛教，國內大沸騰，一二一八年元太祖命大將哲伯征之，其時屈出律方駐軍克什噶爾（Kashgar）聞元兵至，先遁，欲至巴達克山（Badakhshan）行抵撒里黑庫爾（Salikhun）爲哲伯追及，被殺，計其佔據西遼，前後亦有八年。

二　金元間的記載

中國史中所載西遼事蹟，除過上述遼史的記載外，其他散見於他種載籍的尚甚多，特別是金元間的著述，今再擇舉數種於後，以補遼史之不足。

首先在北使記（譯註二十九）中，對於西遼和耶律大石事蹟，有頗爲詳盡的記述。（譯註三十）北使記乃公元一二二〇年間金主遣往求和於成吉思汗的使人遊記，其中最特別的一點，乃是述及耶律大石西行時，曾通過台爾吉（Talki）要隘，其地卽在今固爾札（Kuldja）之北。（譯註三十二）此外長春眞人西遊記（譯註三十三）常德西使記（譯註三十三）耶律楚材西遊錄（譯註三十四）等，皆有述及。這幾位旅行家當其經過土耳其斯坦時，都曾親歷此黑契丹帝國，正如歐洲中世紀的旅行家加比尼（Carpini）盧伯魯克（Rubrouck）等一樣。（譯註三十五）

惟記述黑契丹比較最詳細的，爲金史中的一篇列傳，今將照譯於下。金人自一一二五年滅遼或說東亞的契丹國以後，卽建立他們自己的朝代於北部中國，並有蒙古的大部分，他們對於土耳其斯坦又有一個遼帝國的存在，顯然感到不安，所以常願意知道些關於西遼的消息，甚至於還遣使至西遼。以下所譯的，乃見於金史卷一百二十一粘割韓奴傳，其中所載，皆係十二世紀間金人和黑契丹的相關事蹟。

粘割韓奴在十二世紀前半，已爲金帝國中極有功績的將官，金國皇帝曾賞賜以鎧甲弓矢戰馬等物，列傳中於述此等事以後，卽縷述西遼和韓奴出使西遼的事蹟，其文如下：

初，太祖（金太祖）入居庸關，林牙耶律大石自古北口亡去，（據遼史所載，金人攻下燕京，在一一二二年）以其衆來襲奉聖州，壁龍門東二十五里，婁室（金之將軍）往取之，獲大石幷降其衆。（譯註三十六）宗望（亦金之將軍——即斡離不，金太祖第二子）襲遼主輜重於青塚，以大石爲嚮導，（譯註三十七）因此太祖詔曰：『遼趙王習泥烈、林牙大石、北王喝里質……及諸官民，並釋其罪，』復詔斡魯曰：『林牙大石雖非降附，其爲嚮導有勞，可明諭之！』時爲一一二二年。

（金太祖天輔六年）已而大石亡去，不知所往！

一一二四年，（金太宗天會二年）從蒙古方面幾個歸降的部落得來一些報告，謂大石稱王於北方，署置南北面官，有戰馬萬匹，畜產甚衆云云，太宗詔謂，『追襲遼主，必酌事宜而行，攻討大石，須俟報下。』

次年（一一二五年）都統完顏希尹言，聞夏人（唐兀惕帝國）與耶律大石約曰：『大金既獲遼主，諸軍皆將歸矣，宜合兵以取山西諸部，』詔答曰：『夏人或與大石合謀爲釁，不可不察，其嚴備之！』

及一一二九年（天會七年）又有泰州路都統婆盧火來奏：『大石已得北部二營，恐後難制，且近群牧，宜列屯戍。』詔答曰：『以一眚之故發兵，諸部必擾，當謹斥候而已！』不過雖然如此說，到了次年，（一一三〇年即天會八年）仍遣耶律余睹，石家奴，拔離速追討大石，金會徵調北方諸部兵，但諸部不從，石家奴追至兀納水而還，余睹報元帥府曰：『聞耶律大石在和州之域，恐與夏人合，當遣使索之。』但使至西夏，夏國報曰：『小國與和州壤地不相接，且不知大石所往也。』

附註：原書此段下附云：『余見金史載，和州回鶻於一一三〇年會執耶律大石之黨撒八迪里突迭獻於金。』此事載於金史卷三太宗紀，然其事見於天會九年，應爲一一三一年，非一一三〇年，著者似誤。

其後至一一四四年（熙宗皇統四年），回鶻遣使入貢，言大石與其國相鄰，大石已死。（譯註三十八）熙宗乃遣粘割韓奴與回紇使俱往，因觀其國風俗，加武義將軍，奉使大石。但韓奴去後，久不得其消息。

及大定中，（金世宗時，一一六一——一一八九）有回紇商人移習覽，偕同伴三人至西南招討使貿易，自言本國名鄰括部（譯註：金史原文謂『本國回紇鄰括睿部』，本書著者删去回紇二字，並以蕃字爲作金史者所加，亦删去，甚確，今從之，）所居城名骨斯訛魯朶（卽虎思斡耳朶）俗無兵器，以田爲業，所獲十分之一輸官。耆老相傳，先時契丹至，不能拒，因臣之。契丹所居屯營，乘馬行，自且至日中始周匝。近歲契丹使其女壻阿本斯領兵五萬北攻葉不輦等部族，不克而還，至今相攻未已云云，金世宗聞後詔曰：『此人非隸朝廷蕃部，不須發遣，可於咸平府舊有回紇人中安置，毋令失所！』

卽在是年，又有粘拔恩君長撒里雅寅特斯率康里（譯註三十九）部長孛古及戶三萬餘求內附，乞納前大石所降牌印，受朝廷牌印。詔『西南招討使遣人慰問，且觀其意。』遂遣禿里余睹通事阿魯帶至其國，見撒里雅，具言『願歸朝廷，乞降牌印，無他意也。』因曰：『往年大國嘗遣粘割韓奴自和州往使大石，旣入其境，大石方適野，（譯註四十）與韓奴相遇，問「韓奴何人，敢不下馬！」韓奴曰，「我上國使也，奉天子命來招汝降，汝當下馬聽詔！」大石曰：「汝單使來欲事口舌耶？」使人捽下，使韓奴跪，韓奴駡曰，「反賊，天子不忍加兵於爾，遣招汝，爾縱不能面縛，請罪闕下，亦當盡敬天子之使，乃敢反加辱乎？」大石怒，乃殺之』——此時大石林牙已死，子孫相繼，西方諸部，仍以大石呼之。余睹阿魯帶還，并奏韓奴事。世宗嘉韓奴忠節，贈昭毅大將軍……

以上爲金史所載，最後再引宋朝史書所載黑契丹一段事蹟，其事在一一八五年間，原文如下：（譯註四十一）

是年四月，（原文作是年第二月 In the second month of this year 非是）諜言『故遼大石林牙假道夏人以伐金。』密詔吳挺與留正議之云云。

〔譯註二十九〕北使記——北使記乃金宣宗興定四年（一二二〇年）使禮部侍郎烏古孫仲端及翰林待制安延珍使於成吉思汗的行記，其時成吉思汗方征西域，進攻布哈兒及薛迷思干等城，烏古孫仲端經蒙古回紇而至西域，於四年七月出發，至五年十二月歸。此北使記乃他人就其口述而記錄者，今見於金劉祁之歸潛志卷十三。北使記篇首謂『吾古孫（金史本傳作烏古孫）謂予曰：僕身使萬里，亙天之西，其所游歷甚異，喜事者不可不知者也，公其記之』云云，惟此記者爲誰？是否即劉祁？不得而知。

（譯註三十）北使記所記之西遼——北使記文甚短，而所記西遼事卻佔大部分，其文云：『

大契丹大石者，在回紇中。（北使記所謂之回紇，實指回教徒而言）昔大石林廝遼族也，太祖愛其俊辯，賜之妻而陰蓄異志，因從西征，挈其孥亡入山，後鳩集羣乣，經西北，逐水草居，行數載，抵陰山，雲石不得前，乃屛車以駞負輜重入回鶻，攘其地而國焉。日益強，僭號德宗，立三十餘年死，其子襲號仁宗，死，其女弟甘氏攝政，姦殺其夫，國亂誅，仁宗者次子立，以用非其人，政荒，爲回紇所滅。今其國人無幾，衣服悉回紇也。』

（譯註三十一）固爾札——固爾札卽伊犂台爾吉，乃天山支脈，在伊犂之北，本書原註（Vol. I, P. 29, notes 52）謂：北使記所述耶律大石所通過之陰山，卽係此山，耶律楚材西游錄中亦有述及，謂：『過瀚海千餘里，有不剌城（元史西北地附錄作普剌城，拉施特稱爲Pulad）不剌南有陰山，山頂有池，周圍七八十里……出陰山有阿里馬城，』阿里馬卽阿力麻里，故城在今伊犂北，所謂池卽賽里木泊，在陰山上，正與北使記之陰山同。

（譯註三十二）西遊記所記西遼——西遊記中有一節說及西遼，其文云：『十有六日西南過板橋渡河，（河卽吹河）晚至南山下，卽大石林牙國，其王遼後也，大石領衆走西北，移徙十餘年，方至此地。風土氣候，與金山北不同，平地多以農桑爲務，釀葡萄爲酒，果實與中國同。夏秋無雨，疏渠灌溉，百穀用成。東北西南，左山右川，延袤萬里。傳國幾百年，乃滿失國，依大石士馬復振，盜據其土，旣而算端西削其地，天地至乃滿蕁滅，算端亦亡。』

〔譯註三十三〕 西使記所記西遼——西使記云：『二月二十四日過亦堵兩山間（亦堵山在伊斯庫耳湖"Issi Kul"以北，卽阿賴都山"Alatau"）土平民夥，溝洫映帶，多故壘壞垣，問之，蓋契丹故居也。計其地去和林五千里而近，有河曰亦運，（當爲吹河之一支流）流洶洶東注，（當爲西注之誤）土人曰黃河源也。』（此黃河卽吹河，因其水混濁故名）

〔譯註三十四〕 西游錄所記西遼——西游錄云：『又西有大河曰亦列，（卽伊犂河）其西有城曰虎思窩魯朵，卽西遼之都，附庸城數十。』

又西域圖考引西游錄佚文一段云：『又西三百里塔剌斯（卽"Taras"）數百里皆平川，岡嶺迴護，甚得形勢，川北頭有鉅麗大城，城外皆平原可田，唐時鑿渠道，南山夾爲百牐以行水，牐脊跨堅岸，有唐節度參謀檢校刑部員外郞假緋魚袋太原王濟之碑，西契丹盛時，富庶甲他處，兵後民逃城圮』云云此所記亦爲西遼都城附近狀況。

〔譯註三十五〕加比尼和盧伯魯克——加比尼和盧伯魯克皆係歐人奉命而使於蒙古者，其事如下：

加比尼(John of Plano Carpini)爲法國人，以一二四五年四月（宋理宗淳和五年）受教皇英諾森(Innocent)命從里昂(Lyons)出發，於一二四六年四月四日（蒙古定宗元年）至欽察汗國拔都大王庭，七月二十二日至和林，其時定宗貴由初立，加比尼親臨其禮，並得覆書，於是年十一月十三日離和林西歸，一二四七年五月九日仍至拔都帳，卽於是年返抵羅馬。

盧伯魯克(Rubrouck 亦作 Rubruquis)亦法國人，係受法王聖路易(St. Louis)命而使於蒙古，於一二五三年五月七日，（蒙古憲宗三年）行經黑海由蘇耳代亞(Soldaia在克里米半島）上陸，七月一日至塔納斯河(Tanais)見拔都之子撒里答(Sartakh)，然後至伏爾加河(Volga)拔都大王帳中。九月十四日離拔都帳，於十二月二十七日至和林謁憲宗蒙哥。一二五四年七月十日得覆書西歸，十一月十六日仍至拔都帳。乃繞道裏海西岸西南行經大亞美尼亞，伊康尼亞姆(Iconium)，小亞美尼亞，於一二五五年十一月抵巴勒斯坦之亞康(Accon) 後取道地中海而歸。

以上皆見本書 Vol. I, P. 204-205. 二人歸國皆著有遊記，實較馬可波羅之遊記爲早，(波羅遊記初作於一二九八年間)遊記中大略情形，Henry Yule 之Cathay and the Way Thither 中略有引及。

〔譯註三十六〕大石被獲——大石被獲事，亦見於金史卷二云：『初入燕，遼兵復犯奉聖州，林牙大石壁龍門東二十五里，都統斡魯聞之，遣照立、婁室、馬和尚等率兵討之，生獲大石，悉降其衆。』其下又云五月己巳『斡魯等以趙王習泥烈、林牙大石、駙馬乳奴等來獻。』又卷七十二婁室傳亦載之，略同。

〔譯註三十七〕大石爲鄉導——大石被擄後爲鄉導一事，亦見於金史卷七十四宗望傳，傳云：『太祖巳定燕京，斡魯爲都統，宗望副之，襲遼主於陰山靑塚之間，宗望婁室銀朮可以三千軍分路襲之，將至青塚，遇泥濘，衆不能進，宗望與當海、四騎，以繩繫遼都統林牙大石，使爲鄉導，直至遼主營，時遼主往應州，其嬪御諸女，見敵兵奄至，驚駭欲奔，命騎下執之。』

〔譯註三十八〕大石已死——回鶻入貢於金，在一一四四年，大石於前一年卽一一四三年卒，已見前註，由此亦可證前所推測之年代頗合。

〔譯註三十九〕康里——康里（Kankly）元祕史亦作康鄰，爲烏拉河（元代謂之愛克河）以東，鹹海以北部族，其族卽元魏時之高車，高車之意爲其車高大，而康里爲突厥語，其意亦等於高車，見 Parker's A Thousand Years of the Tartars。

〔譯註四十〕韓奴使大石——粘割韓奴之出使西遼，在金熙宗皇統四年卽一一四四年，其時西遼爲感天皇后攝政時，感天攝政七年，韓奴至西遼當不出七年以後，此處所謂『大石方適野』云云，當係指感天后。

〔譯註四十一〕宋史所載西遼——宋史此段記載，見於卷三十五孝宗本紀，其時爲孝宗淳熙十二年。

第二章　回教徒著作家所記的西遼(譯註四十二)

中國書中所記西遼事蹟，略備於上，今且換一方面，再看回教徒歷史家所記西遼或黑契丹事蹟如何。以下所述，見於多桑蒙古史卷一，第四四一面至四四三面(Pages)。

拉施特哀丁總述西遼的事蹟如下：

當朱里眞(Churche)(譯註四十三)的元首滅掉黑契丹帝國以後(譯註四十四)，黑契丹帝國有一王子，名納石大夫(Nushi Taifu)(譯註四十五)在其國已有甚高地位，初逃於乞兒吉思(Kirghizes)(譯註四十六)後至畏兀兒(Uigurs)，最後到了土耳其斯坦。他是個極聰明能幹的人，在土耳其斯坦仍舊建立起廣大的勢力，幾乎把土耳其斯坦全部都征服了，他在那裏稱爲葛兒罕(Gurkhan 元史譯爲古兒汗，)即『大汗』(Great Khan)之意。其時爲一一二八至一一二九年間。(譯註四十七)

納石大夫死後，其子只有七歲，仍繼爲葛兒罕，這個汗活了九十五歲，到一二一三年才死了。當成吉思汗生時，葛兒汗已有四十五歲，即位已大約有二十五年。

此外，征服世界者的歷史（Tarikh Djihan Kushi）的著者，他對於黑契丹有較詳的記述，其所記如下：

黑契丹的可汗，是由契丹而來，這個可汗在他的人民中，本極有聲望，但因爲政治上不得已的關係，才離去他的本國。他稱爲葛兒罕（Gurkhan），意即『無所不包之汗』(Universal Khan)。據說當他離開契丹的時候，只帶六十個隨從，但不久以後他已成了無數軍隊的領袖。這些遷移者，初到了乞兒吉思的邊界上，便佔其地，但不久他們爲乞兒吉思人所驅逐，才又到了葉密爾河(Emil)流域，在那裏他們建起一座城池，其遺址現在仍存。（譯註四十八）這個契丹王子，把許多突厥部落都征服了，不久他已領有四萬餘戶，最後他就到了八剌沙袞(Belasagun)，八剌沙袞蒙古人稱爲谷八里(Gu-balik)，（譯註四十九）在那時八剌沙袞地方，尙爲伊夫拉西葉(Efrassiyab)

的後裔統治，(譯註五十)惟已衰弱，哈喇魯(Karluks)和康克里(Kankalis)(譯註五十一)等都已獨立，且常侵擾其國。當黑契丹至其地時，其統治者立卽表示降伏，(譯註五十二)於是契丹王子卽至八剌沙袞，伊夫拉西葉的後裔卽行退位，改稱伊兒突汗(Ilk-Turkan)意卽『突厥的領袖』(Chief of Turks)。從此以後，黑契丹的葛兒罕卽統治其國的全部，從克姆剋耶(Kum-kidjik)到巴塞爾金(Barserdjan)，又從塔剌斯(Taras)到塔密基(Tamidja)，(譯註五十三)以後又續行佔領康克里。此外他又征服了克什噶爾(Kashgar)和和闐(Kotan)，又曾遠征乞兒吉思，別失八里(Bishbalih)亦爲他所取得，拔汗那(Fergana)和阿姆河以北(Transoxiana)也都屬於他；於是奧斯曼(Osman)的子孫(薩馬爾干王)亦爲他的臣屬。這樣的領土構成以後，他又使他的將軍伊兒納茲(Ernuz)，進攻花剌子模，伊兒納茲到花剌子模大行焚掠，直待花剌子模王阿提栖茲(Atriz Khorasm Shah)完全降伏，並獻納大宗的貢品以後，伊兒納茲方才退兵。

又過了一些時候以後，葛兒汗死了，其后甘煙克(Keuyunk)繼位，她的爲人極淫亂嗜殺，甚至於把她的愛人也殺死，(譯註五十四)在她以後，她的一個兄弟又繼承葛兒汗的地位。這時花剌子模的蘇丹塔克石(Suttan Takast)——阿提栖茲的繼承者——在位，仍時入貢於黑契丹的葛兒汗，兩國極其和睦。塔克石且曾遺命其子及其後繼者命對葛兒罕永守同樣的政策，因爲黑契丹帝國恰可爲花剌子模的屏障，使其不必防備東方可怖民族的侵略。

以上回教徒著作家所記黑契丹事蹟，其對於歷代葛兒罕的名字，雖不如遼史那樣一一指出，但是他們對於黑契丹最後一個葛兒罕的事蹟，敍述卻較詳盡，此最後一汗即被乃蠻王屈出律(Guehluk)所篡奪的是。以下所引爲回教徒著作家所記的要點，見於多桑蒙古史卷一第一〇五面一〇六面以下：

屈出律，其父即太陽汗(Taiyang)，爲乃蠻部的可汗，被成吉思汗所殺，乃蠻部全滅，屈出律乃與蔑兒乞汗托克塔(Tukta)結成同盟，其時爲一二〇八年。成吉思汗又追襲屈出律和托克塔，他們的軍隊屯於也兒的石河(Irtysh)，成吉思汗軍又敗之於介姆河(Djem)附近。是役托克塔被殺，而屈出律逃走，初至別失八里，繼至固爾札，最後於一二〇八年到了黑契丹葛兒罕的境內。屈出律到黑契丹後，既有藏身之所，又極受優禮，葛兒罕且妻之以女，但不久以後，屈出律乃密定一種計劃，欲推翻他的恩人。當時葛兒罕曾允許乃蠻部族入居其境內，所以其國內如別失八里，葉密爾，海押立（Kayalik）（譯註五十五）等處，皆有乃蠻部族散處。屈出律憑藉這些乃蠻和蔑兒乞的遺族勢力，並和花剌子模蘇丹，——謨罕默德薩馬爾干國王奧斯曼等結成同盟，這兩國本是屬於葛兒罕的。約定由謨罕默德和奧斯曼進攻黑契丹，同時由屈出律佔據其都城八剌沙袞。但是屈出律的軍隊，卻爲黑契丹所敗於琴把節河（Chinbudje），屈出律也被迫逃匿，而他方謨罕默德和奧斯曼的軍隊，卻進至葛兒罕境內，且在塔剌斯城附近得到勝利，屈出律遂趁此機會，推翻其岳父的計劃始得成功！此事發生在一一二一年或一一二二年間，兩年以後，此老葛兒罕遂卒，不過此老葛兒罕尙極受屈出律的尊禮，直至死時爲止。屈出律佔據黑契丹的汗位以後，更濫用其權力，首進攻阿力麻里（Alimalik）（譯註五十六）擒其王奧查兒（Ozar），且使其自裁；克什噶爾和和闐的人民，因爲不願意服從這個篡奪者，屈出律遂加以壓迫，派軍駐其境，大事蹂躪，直歷七年。屈出律對於回教徒是一個極殘酷的仇教者，他自己本來是基督教中的景教徒（Nestorian Christian）乃蠻部中人大都信仰景教——但他自從要了葛兒罕的女兒以後，乃變成一個佛教徒。

亞拉伯的歷史家易本愛耳阿提耳（Ebn el Athir），（譯註五十七）在十二世紀末年曾有關於黑契丹王朝建國經過的記載今亦擇錄於下。此所引乃根據格利高里夫（Grigoreiff）的俄文譯本，見於其所著東土耳其斯坦（Eastern Turkestan）第二九〇面。據我所知易本愛耳阿提耳實是回教著作家記述黑契丹事蹟的第一人，他的記載如下：

當五百二十二年間，（此為回教紀元，即耶穌紀元一一二八年）有秦（Sin 即中國）的葛兒罕行抵克什噶爾，其人渾名為『跛子』（The cripple），為許多軍隊的首領。當時克什噶爾的統治者，為哈桑王（Hassan）之子亞哈默德（Ahmed），立即集合他的軍隊來拒敵，不想他卻大敗且戰死。當葛兒罕離開秦國到土耳其斯坦的時候，那裏已有許多他的同國人，都是從前遷來的。他們都服役於土耳其斯坦的可汗下，可汗都很信任他們，使防備東界。及葛兒罕來了以後，這些人都馬上歸附了他，按照他們的目的，在全部土耳其斯坦建立起他們的統治權來！不過這個葛兒罕也不大干涉他所征服的那些國家的行政，他對於人民徵收賦稅極低，每家只要有一個地納兒 (dinar) 即夠了，對待屬國王，極有恩惠，凡附屬於他的，只要用一個銀牌繫於衣帶上，表明是他的臣屬就夠了。

葛兒罕自征服克什噶爾以後，繼又指揮他的軍隊至馬窩拉那哈兒(Maverannahar)，那裏的國王是馬哈木德(Mahmud) 乃謨罕默德(Mohammed)的兒子，這個王子從忽氈(Kodjend)前進的時候，即遇著他的敵人，大戰發生於五三一年（即一一三七年）的賴埋抓納月(Ramazan 即十一月)，結果馬哈木德大敗，急逃歸薩馬爾干，盡起傾國大軍，同時又懇請塞爾柱蘇丹桑節兒(Sandjar)的援助，請求結合一切回教國家，以共同抗拒此不信教者。於是一時如呼羅珊馬咱答兒(Mazendcran)塞介斯坦 (Sedjestan) 伽色尼(Ghazna)以及其他回教國家，立組同盟軍，於一一四一年由桑節兒統領，行過阿姆河。但在葛兒汗一方面，也集合得很多軍隊，其中有突厥人，有從秦（中國）和契丹來的人，和些別的國家，他和桑節兒軍在克特灣 (Katwan) 相遇，乃退屯得爾漢(Dirgham)河上，在一一四二年遂發生大戰。其結果回教的聯軍大敗，桑節兒逃走，而他的妻卽阿爾斯蘭汗(Arslan Khan)的女兒，和其他許多回教領袖，都被俘虜。自經此戰後，契丹人民和突厥人遂在馬窩拉那哈兒建立起他們的權力。葛兒罕至一一四三年始卒，繼承他的帝國政府的是他的女兒，惟不久卽死，又由她的母親繼位，最後是由謨罕默德(Mohammed)——葛兒罕的兒子——統治着。

〔譯註四十二〕回教徒記載——以下原書引自波斯或亞拉伯人著作的，悉依照原文直譯，以存其眞。

〔譯註四十三〕朱里眞——朱里眞卽女眞，見大金國志。

〔譯註四十四〕黑契丹——拉施特書中稱遼人亦爲黑契丹。

〔譯註四十五〕納石大夫——納石大夫卽指耶律大石，據多桑謂拉施特書中納石本作(Tushi)，與大石或達實音極近，可知納石(Nushi)一字當爲錯簡。大夫(Taifu)一字，多桑釋爲將軍，余意其字必係拉施特譯『林牙』之意，林牙在契丹語爲翰林官，拉施特以中國之大夫譯之因大夫在古代爲官吏之稱呼，拉施特或係以漢語譯契丹語而未確。

〔譯註四十六〕乞兒吉思——乞兒吉思卽唐書之點戛斯，亦卽漢書之堅昆散布於阿爾泰山西北，鄂爾畢河及額爾齊斯河流域。

〔譯註四十七〕拉施特所記大石稱帝年代——拉施特所記大石稱帝年代在一一二八至一一二九年間似誤因一一二八年尙爲金天會六年，其時大石尙未離北庭，仍在漠北。（參看前註。）

〔譯註四十八〕葉密兒河之城址——葉密兒河有一城，數見於元代史籍，元史西北地附錄作也迷失，常德西使記作葉瞞，其城在普剌城（西使記作孛羅城見前）之東北。

〔譯註四十九〕谷八里——谷八里蒙古人書中未見，據本書著者意（Vol. I, P. 226, notes 583）谷八里實卽元史卷一百二十谷則斡耳朵之異名，因『八里』（Balik）一字蒙古語卽謂城，與斡耳朵（Ordo）意略同，如此谷則斡耳朵固亦可稱爲谷八里。此解極確，想係蒙古人偶有此稱，故征服世界者的歷史著者云云。

〔譯註五十〕伊夫拉西葉——伊夫拉西葉（Efrassiyab）據波斯古史所載，係突厥名王。

〔譯註五十一〕哈喇魯和康克里——哈喇魯卽唐書之葛邏祿，爲鐵勒之一部，元史作哈喇婁，太祖本紀載六年『西域哈喇婁部主阿爾斯蘭汗來降。』其族居阿力麻里以北，阿爾泰山以南，清代之額魯特人亦其族。

康克里卽康里，在哈喇魯之西北。

〔譯註五十二〕八剌沙袞之降附——此事可與金史粘割韓奴傳所載金世宗時回紇商人移習覽所言，參看。

〔譯註五十三〕塔剌斯——塔剌斯（Taras）等四部族名，除塔剌斯外皆無可考。塔剌斯名見西遊錄，亦卽唐書之怛邏利，地在塔剌斯河（Tales R.）南岸。

〔譯註五十四〕甘燀克——此淫亂之甘燀克后（Keuyunk），當卽遼史之普速完，普速完北使記作甘氏，不知何故。

〔譯註五十五〕海押立——海押立名見元史，在葉密爾河之西，元憲宗封海都於其地。

〔譯註五十六〕阿力麻里——阿力麻里在今伊犂北，同見西遊錄、西遊記、西使記等書，爲入西域必經之道。

〔譯註五十七〕易本愛耳阿提耳——易本愛耳阿提耳爲一一六〇年至一二三三年之亞拉伯史家。

第三章　中西書籍所記西遼滅亡事

以下是回教徒著作家所記蒙古人滅亡西遼帝國的簡短記載，見於多桑蒙古史卷一第一七二面。

當成吉思汗準備遠征西部亞洲的回教國家時，卽派二萬軍士，命諸延哲伯(Noyen Chibe)率領，於一二一八年進攻屈出律，其時屈出律方駐軍克什噶爾。哲伯軍至，屈出律卽逃走。蒙古軍立卽宣布宗教自由，於是一般向受壓迫的人民，卽盡力屠殺屈出律的軍隊。蒙古軍繼卽追趕屈出律，行至巴達克山，屈出律被擒，哲伯乃殺之。

關於西遼滅亡一事，中國和蒙古著作家的記述，雖然是斷片的，不過卻可以證實波斯史家的記載，甚至還有些新的事蹟。

元史卷一百二十曷思麥里傳（伊思馬耳 Ismael）載：曷思麥里，西域人，（土耳其斯坦）

本居谷則斡兒朵，（卽黑契丹都城）初爲西遼闊兒汗（卽葛兒罕）近侍，後爲谷則斡兒朵所屬可散和八思哈二城縣官，當成吉思汗西征時，他卽以二城並其酋長迎降大將哲伯以聞，帝命曷思麥里從哲伯爲先鋒。當攻克乃蠻（在黑契丹）後，曷思麥里斬其主屈出律，哲伯命其持屈出律首，往徇其地。於是可失哈兒（卽克什噶爾）押兒牽（卽葉爾羌 Yarkand）斡端（卽和闐）等城，皆望風降附。

又元朝祕史載：成吉思汗命者別（卽哲別）追古出類克，（卽屈出律）追至撒里黑崑(Salikhkun) 地面，將古出魯克窮絕了回來。此事被誤記於一二〇六年條下，但親征錄卻和拉施特同，記黑契丹的滅亡在一二一八年。親征錄載戊寅年成吉思汗遣大將哲別，攻屈出律可汗，至撒里桓地克之。

另外旅行家加比尼(Plano Carpini)在他的遊記中，（作於一二四六年）也數數提到黑契丹，他記黑契丹的滅亡如下。（遊記第六四八面）

乃蠻實卽哈喇契丹——意卽黑契丹（Nigni Kitai），與蒙古人大戰於兩山谷間，乃蠻和哈喇契丹大敗，傷亡極重，其存者亦皆爲俘虜。

加比尼所記此次戰爭，似發生於西土耳其斯坦。

加比尼以後不久，盧伯魯克於一二五三年間亦行經黑契丹國，他的遊記第二五九面，述及哈喇契丹或黑契丹在從前居於四面環山的草地中，其地盧伯魯克曾親自經過，在羣山的某地點爲葛兒罕(Coir Chan)所居，後爲乃蠻酋長所篡。遊記第二八〇面又述及哈喇契丹國在羣山中，其地有大河，（卽吹河）大河附近極宜於耕種云。

附錄

丁謙西遼疆域考

西遼疆域，合中西各書考之，其都城建於吹河南阿列三得山北，自伊犂河及特穆爾圖泊迤西，如唐書所載碎葉城，（在特穆爾圖泊西）干泉（在八剌沙袞西）怛邏斯城白水城，（在阿克蘇河上）篯赤達城（卽賽藍今名琛姆投特）等，皆在畿輔中。北則有葉密爾、哈押立等地（哈剌魯爲其屬國）東則有和州別失八里昌八剌阿里馬等地，（時畏吾兒諸部爲其屬國）迤南爲浩罕各城地，（可散八思哈，均見曷思麥里傳。）迤西爲撒格納八兒眞氈的等地（見西域史）至其西南，則自塔什干、霍占、撒馬兒罕、布哈爾，直至起兒漫。東南則自喀什噶爾、葉爾羌、和闐以及庫車、阿克蘇、喀喇沙爾，縱橫各六七千里。西域大國如呼拉商、貨勒自彌等，皆納貢稱臣，悚見聽命，不可謂非一時雄國也！